くらべて
わかる
英文法

畠山雄二 編

くろしお出版

まえがき

　「たかが英語、されど英語」である。たかが英語ごときにほとんどの人が振り回されている。これが現実であり、これが現代社会である。文系・理系を問わず、大学生は英語に振り回され、英語の単位1つとれないがために卒業できなかったりしている。高校生は高校生で、大学受験のために英語に振り回されている。というか翻弄されている。英語ができるできないで志望校どころか受験できる大学の数まで変わってきてしまう。

　そして、中学生は中学生で、はじめて経験する「(英)文法」という得体の知れないものに振り回されている。中学生にしてみたら、英文法というのは、「大人の階段」を1つ登るぐらい興味深いけど怖い世界である。実際、英文法の世界は、大人の世界と同じぐらい複雑だけど実は単純で、でもそうはいっても一筋縄ではいかない、なかなか奥の深い世界であったりする。さらに最近では、小学生は小学生で、学校で英語に軽く振り回されている。というのも、小学校でも英語を教えるようになったからだ。まあ、生徒は軽く振り回されブランコにでも乗っている気分であろうが、教師の方はというと、何をどう教えたらいいのか分からず激しく振り回されているといったところであろう。

　英語に振り回され、軽くめまいを感じたり頭痛を訴えたりしているのは生徒や学生ばかりではない。社会人も同じだ。サービス業に従事していようがいまいが、そして外資系の企業に勤めていようがいまいが、今日では、英語を避けて通ることはほとんどできなくなっている。もちろん、避けて通ろうと思えばできないこともないが、でもその時は、昇進はストップ、給与のアップもストップである。たかが英語ごときのためにサラリーが激変してしまうのである。バカげた話ではあるがこれが現実である。文句をたれても仕方がない。

　このように私たちは、物心ついた頃から退職するまで、ずっと英語に

振り回され、そして英語に翻弄され続けている。ある人は、英語を人生の勝ち組に入るためのカードとして使い、またある人は、英語をババ抜きのババのように抜いてしまい、それでそのまま負け組に入ってしまったりしている。たかが英語であるが、やはり「されど英語」であり、「英語を侮るなかれ」というのは現代の教訓でもある。

英語を甘く見たら最後、人生の後半で英語に泣かされるハメになる。世の中をなめてかかって勝ち組に入った人も少なからずいるが、今の時代、英語をなめてかかって勝ち組に入った人はおそらく1人もいないであろう。実際、英語ができなくて人生を棒に振った人を私はたくさん見てきたし、逆に、英語をかわいがり、そして英語にかわいがってもらったがために、人生得をした人もたくさん知っている。人生を楽しく生きるも苦しく生きるも英語次第だったりする。いやはや、やっぱり「されど英語」である。

そんな英語であるが、ところで皆さんは、英語をどのくらい知っているであろうか。「中学・高校・大学とあれだけ勉強してきたんだからいろいろ知ってるさ」と自負している人もいるであろう。でも、皆さんの鼻をいきなりへし折るようで申しわけないが、実は、皆さんは、英語についてはな〜んにも知らなかったりするのだ。もっと言うと、大事なことに限って何も知らなかったりするのだ。「えっ、うっそー、そんなことないよー、英語のテストはいつも90点台だったしー」と軽くテングになっているそこのあなた、ちょっと(怒りと興奮を静め)頭をスッキリさせてから次を読み進めていただきたい。

皆さんは、学校の英語の授業や受験勉強で、英作文の勉強を何度となく、そして何十時間としてきたことであろう。そこで、英作文に慣れ親しんだ皆さんに簡単な英作文をしてもらいたいと思う。まず1つめであるが、「太郎が何を買ったの？」を英語で言うとどうなるであろうか。簡単すぎて答える気にもならないかもしれないが、答えは 'What did Taro buy?' である。即答できたあなた、どうぞ私の鼻をへし折ってください。

では、今度はちょっと難しい問題を出してみよう。「誰がiPhoneを買ったの？」を英語で言うとどうなるであろうか。'What did Taro buy?'が英語として正しいのだから、それをちょっといじくって'Who did buy an iPhone?'といえるかというと、皆さんもおわかりの通り、いえない。では、「誰がiPhoneを買ったの？」を英語でいうとどうなるかというと'Who bought an iPhone?'となる。なぜ'Who did buy an iPhone?'とはいえず'Who bought an iPhone?'といわなければならないのだろうか。

　この「なぜ」には、自称英語の達人はもちろん、ネイティブも答えることはできない。でも、この「なぜ」になんとなく知的好奇心をくすぐられたあなた、そんなあなたは、英語が上達する潜在能力に満ちあふれているといえよう。勉強や学習においては、この「なぜ」に対するワクワク♪感、これが何よりも重要だったりするのだ。逆に、ワクワク♪感に鈍感な知的に不感症な人は勉学には向いていなかったりする。

　さて、ワクワク♪してきた皆さんにもうひとつ問題を解いてもらおうかと思う。そして、今度は皆さんにドキドキ♪してもらいたいと思う。これまで皆さんに2つほど英作文をしてもらったが、まあ、これらはほとんどウォーミングアップである。ようするに単なる肩慣らしである。私が皆さんに本当に解いてもらいたかった問題、それは、次の問題であるのだ。

　　　　「誰が何を買ったの？」を英語にするとどうなるか。

　上で見たように、英語では、'What did Taro buy?'も'Who bought an iPhone?'も両方ともいえる。よって、論理的に考えたら、'What did who buy?'と'Who bought what?'の両方が、「誰が何を買ったの？」の訳としていいはずだ。というか、論理的に考えてそうならないと困る。でも実際は、「誰が何を買ったの？」の英訳としては、'Who bought what?'しか認められない。ようするに、論理的には許されるは

ずの 'What did who buy?' がダメであるのだ。ちょっと難しいことばを使うと、一種の論理の破綻がここに見られるのである。ようするに、語学が数学のように論理的にいかない理不尽さをこんなところにかいま見ることができるのである。でも、実は、この論理の破綻には論理的な理由がちゃんとあるのだ。この論理のミスマッチというかパラドクスこそが、実は、ことばを学ぶワクワク♪感の源泉であったりするのだ。

今の英語教育では(カリキュラム上)この「ワクワク♪感の源泉」を教えることができないようになっている。学校では、どうでもいい、英語の些末なルールばかりが教えられ、本当に大切なことを教えてもらえなかったりする。これだから日本人は英語がダメなのである。そして、これだから、いまだに「英語をシャワーのように聞いていれば英語がマスターできる」といった怪しい宣伝文句に多くの人が騙されてしまうのだ。門前の小僧でもあるまいし、「英語をシャワーのように聞いていれば英語がマスターできる」わけがないのだ。お経は習わなくてもマスターできるかもしれないが、英語はしかるべきやり方で習わないとマスターできないのである。

さて、英語教育の批判はこのぐらいにして、ここでちょっと話を整理してみたい。まず、次のような「クイズ」が出された。

Who bought what? と What did who buy?
～「誰が何を買ったの」の英訳はどっち？～

そして、このクイズの答えは 'Who bought what?' であった。

英語がすんごく得意な人だったら、このクイズに答えることができるであろう。でも、なぜ 'What did who buy?' がダメで 'Who bought what?' がいいのか、その「なぜ」に答えることはできないであろう。ちなみに「英語の超達人」であるネイティブでも、この「なぜ」に答えることはできない。それぐらいこの「なぜ」は難問中の難問であるのだ。(この「なぜ」に対する答えは、本書の 2.14 を読むとわかる。)

本書は、上に示したようなクイズを話のツカミとして、英語に見られるいろんな「なぜ」を紹介しながら、その「なぜ」に答えていきたいと思う。そして、可能な限りわかりやすいことばで、その「なぜ」の「なぞ解き」というか「なぞ説き」をしていきたいと思う。つまり、二者択一のクイズのスタイルをとって、知って得する、しかも知らなきゃ困る、それでいて知っているようで知らない、そういった英文法の「豆」知識を紹介していく。そして、皆さんといっしょに、その「豆」知識からすばらしい「花」を咲かせ、最後には知識という「実」を皆さんといっしょに収穫していこうかと思っている。

　本書を手に取った皆さんなら既におわかりかと思うが、英語に限らず言語には、大きく分けて次の５つの側面がある。

会話に関するもの
語順に関するもの
意味に関するもの
音声に関するもの
語彙に関するもの

よって、英語をちゃんとマスターしようと思ったら、これら５つの領域をまんべんなく勉強する必要がある。そこで、本書は、これら５つの領域をまんべんなくカバーする構成になっている。

　本書は、ご覧になられるとわかるように、見開き２ページで１つの「なぞ解き」というか「なぞ説き」が行われている。しかも、見開き２ページで１つのなぞ解きが完結される形になっている。読者の皆さまには、ぜひ、見開き２ページを、休みを入れないで、じっくりと、でも一気に読んでいただきたいと思う。そして、可能なら、もう一度読んでいただき、書いてあることを確実に自分のものにしていただきたいと思っている。

　なお、本書をお読みいただくとわかるように、本書は、かなりリー

ダーフレンドリーというかソフトなタッチで書かれている。しかも、章ごとに異なるスタイルで書かれている。つまり、ある意味、オムニバス形式で書かれている。このようにしたのも、他ならぬ、読者にこちらのいわんとしていることを確実に理解してもらい、そして本書の最初の1ページから最後の1ページまで飽きずに、しかも楽しみながら読んでもらうためである。このねらいがうまく達成されているかどうかは、読者の皆さんにぜひ本書を最後まで読んでいただき、各人で判断していただきたいと思う次第である。

　本書を通して、これまで英語が好きだった人がもっと英語が好きになり、さらに、英語が嫌いだった人がちょっとは英語が好きになってもらえたらと思う。そして、英語に関する確かな知識をゲットして、理想の人生もおまけにゲットしてもらい、さらにはなりたい自分になってもらえたらとも思っている。

　最後になるが、読者諸氏の健闘を願うとともに、本書を通し、英語の本当の姿を知り、そして本当の英語を好きになってもらえたらと思う次第である。

　　2012年 梅の花咲く頃

　　　　　　　　　　　　　　　　　　　　　　　　編者　畠山 雄二

CONTENTS

まえがき iii

第1章　英語の会話、どっちが正しい？　　1

1.1 You may have some of this cake と You must have some of this cake
自作のケーキをふるまうとき丁寧なのはどっち？ 2

1.2 I don't like … と I do not like …
軽く「好きじゃないんだ」というにはどっち？ 4

1.3 No problem と No problem at all
丁寧ないいかたはどっち？ 6

1.4 Do your best! と Good luck!
試合や試験の前の人に「がんばって！」というときはどっち？ 8

1.5 I am glad you said so と No, not at all
褒められたとき答えるのはどっち？ 10

1.6 I want to talk to you と Can I have a minute?
軽く話をしたいときはどっち？ 12

1.7 We Japanese と Japanese people
「私たち日本人は」といいたくなったらどっち？ 14

1.8 Nice to meet you と Please take care of me
「よろしくお願いします」とあいさつするならどっち？ 16

1.9 You had better not go と I wouldn't go
「行かない方がいいよ」とアドバイスするならどっち？ 18

1.10 Thank you VEEERY MUCH と Thanks!
友人に感謝を表すならどっち？ 20

1.11 I know them と I know who they are
有名人を（聞いて）知ってるというときはどっち？ 22

1.12 Are you still single? と How have you been?
久しぶりに会う知人に話しかけるならどっち？ 24

1.13 Danger(ous)! と Watch out!
「あぶない！」にあたる英語表現はどっち？ 26

1.14 You wear a nice shirt と I love your shirt
相手のシャツを褒めているのはどっち？ 28

1.15 Please have a seat と Have a seat, please
丁寧なのはどっち？ 30

1.16 I need to wash my shirt と My shirt needs washing
「シャツを洗わなきゃ」というときはどっち？ 32

1.17 Can I fan you? と Can I send wind?
扇子であおいであげようとするときはどっち？ 34

1.18 I don't like ... と I ah don't like ...
丁寧な断り方はどっち？ 36

1.19 I don't believe you と I don't believe that
相手のいってることが信じられないときはどっち？ 38

1.20 Have we taken our medicine? と Have you taken our medicine?
フレンドリーなのはどっち？ 40

さらに学びたい人のために 42

第2章　英語の語順、どっちが正しい？　　45

2.1 John sketched the model nude drunk と
John sketched the model drunk nude
「ジョンは酔って裸のモデルを描いた」の英訳はどっち？ 46

2.2 Do you not eat the cake? と Do not you eat the cake?
正しい語順はどっち？ 48

2.3 Mary had cut her hair と Mary had her hair cut
髪を切ってもらったのはどっち？ 50

2.4 Bill is not taller than John と Bill is no taller than John
John が Bill より背が高いのはどっち？ 52

2.5 They have more friends than enemies と
They are more friends than enemies
敵より友達が多いのはどっち？ 54

2.6 The police found the stolen ring in the park と
The police found the ring stolen in the park
公園で指輪を見つけたのはどっち？ 56

2.7 visible stars と stars visible
ロマンチックなのはどっち？ 58

2.8 John believes that he is the best と John believes him to be the best
「自分が一番！」と思っているのはどっち？ 60

2.9 John must be married と John must get married
結婚している可能性が高いのはどっち？ 62

2.10 He left early so that he could have some time with his son と
He had to work late so that he couldn't have any time with his son
子どもと遊べたかもしれないのはどっち？ 64

2.11 John kissed Mary's cheek と John kissed Mary on the cheek
愛情を込めて頬にキスしたのはどっち？ 66

2.12 John didn't kiss Mary because he loves her と
John didn't kiss Mary, because he loves her
「キスしなかった」と断言できるのはどっち？ 68

2.13 Otohime told Taro not to open the box と
Otohime did not tell Taro to open the box
正しい浦島太郎伝説はどっち？ 70

2.14 Who bought what? と What did who buy?
「誰が何を買ったの」の英訳はどっち？ 72

2.15 With no job, John would be happy と With no job would John be happy
どんな仕事も気に入らないのはどっち？ 74

2.16 It is the boat that John decided on と It is on the boat that John decided
「そのボートに決めた！」の解釈はどっち？ 76

2.17 Mary knows what book John is reading と
Mary knows what a book John is reading
メアリーがあきれているのはどっち？ 78

2.18 I will buy what Yuma is selling と I will inquire what Yuma is selling
売るものがわかっているのはどっち? 80

2.19 I don't know what I should do と I don't know what Mary should do
I don't know what to do に書き換えられるのはどっち? 82

2.20 Mary kissed John when drunk と John kissed Mary when drunk
Mary が酔っていたのはどっち? 84

さらに学びたい人のために 86

第3章　英語の意味、どっちが正しい? 　　89

3.1 I like the desk と I like desk
人間がいうとおかしいのはどっち? 90

3.2 go to school と go to the school
大人になるとできなくなるのはどっち? 92

3.3 give me a dictionary と give me the dictionary
いつもの辞書はどっち? 94

3.4 I don't like some Korean dramas と I don't like any Korean dramas
全部嫌いなのはどっち? 96

3.5 We'll arrive at Kyoto と We'll arrive in Kyoto
京都を通過しそうなのはどっち? 98

3.6 The picture is on the ceiling と The picture is on the desk
絵が下向きなのはどっち? 100

3.7 I handed in the report in time と I handed in the report on time
時間ギリギリなのはどっち? 102

3.8 The policeman shot the robber と The policeman shot at the robber
本当に撃たれたのはどっち? 104

3.9 I saw Mt. Fuji と I looked at Mt. Fuji
富士山を見たくて見たのはどっち? 106

3.10 You're bored と You're boring
いわれて傷つくのはどっち? 108

3.11	I moved the chair と I made the chair move
	直接動かしたのはどっち？ ... 110

3.12	She baked him a cake と She baked a cake for him
	代わりに焼いてあげたのはどっち？ ... 112

3.13	May I go to dinner? と May I come to dinner?
	相手の家に行きたいのはどっち？ ... 114

3.14	Father sprayed the paint onto the wall と Father sprayed the wall with the paint
	壁一面なのはどっち？ ... 116

3.15	If you are American … と If you were American …
	アメリカ人でないのはどっち？ ... 118

3.16	Could be better と Couldn't be better
	絶好調なのはどっち？ ... 120

3.17	We must do the job と We have to do the job
	意欲満々なのはどっち？ ... 122

3.18	I lost my cell phone と I have lost my cell phone
	今もないことがはっきりしているのはどっち？ ... 124

3.19	I get up at six every morning と I'm getting up at six every morning
	習慣になっているのはどっち？ ... 126

3.20	This train will arrive at Tokyo と This train is arriving at Tokyo
	もうすぐ着くのはどっち？ ... 128

さらに学びたい人のために ... 130

第4章　英語の音声、どっちが正しい？　　133

4.1	spinach と onion
	ポパイが好きなのはどっち？ ... 134

4.2	日本語 と 英語
	母音の数が多いのはどっち？ ... 136

4.3	bang と bong
	銃声を表す表現はどっち？ ... 138

4.4 mouse と mouth
騒々しいのはどっち？ 140

4.5 dogs-lions と cats-lions
音声的に関連のあるペアはどっち？ 142

4.6 peep と seep
sheep と音声的により近い関係にあるのはどっち？ 144

4.7 b<u>a</u>ck と b<u>a</u>g
下線部の母音がより長く発音されるのはどっち？ 146

4.8 /sp/ と /sb/
英語の語頭に現れることができるのはどっち？ 148

4.9 strawberry と rose
as red as a ___ の下線部に入るのはどっち？ 150

4.10 Adam and Eve と Romeo and Juliet
「信じる」の意味を表すカップルはどっち？ 152

4.11 caught-taught と fraught-draught
韻を踏んでいるペアはどっち？ 154

4.12 great と threat
steak と歴史的に関連のあるのはどっち？ 156

4.13 IHELPUC と IM2THDR
歯科医はどっち？ 158

4.14 greenhouse と green house
バナナが育つのはどっち？ 160

4.15 -eon と -oon
アクセントを置けるのはどっち？ 162

4.16 Ladies and gentlemen と Gentlemen and ladies
ネイティブにとって自然な語順はどっち？ 164

4.17 Which autumn flower do you like? と Which fall flower do you like?
アメリカ英語の母語話者が好むのはどっち？ 166

4.18 イギリス英語 と アメリカ英語
日本人の発音に近いのはどっち？ 168

4.19 Please don't stop it! と Please don't—stop it!
「やめないで続けてください！」の意味になるのはどっち？ 170

4.20 Would you like tea or coffee? と Would you like tea or coffee?
水を頼んでも嫌な顔をされないのはどっち？ 172

    さらに学びたい人のために 174

第5章　英語の語彙、どっちが正しい？　　177

5.1 speak と leak
単純化されるのはどっち？ 178

5.2 fire と shout
意味的な規則が見られるのはどっち？ 180

5.3 rats-eater と mice-eater
いえないのはどっち？ 182

5.4 supermen と supermans
「スーパーマン」の複数形はどっち？ 184

5.5 WOMAN doctor と woman DOCTOR
男性の可能性があるのはどっち？ 186

5.6 He was smiling strangely と Strangely, he was smiling
笑い方が変なのはどっち？ 188

5.7 Mary finished the bottle と Mary broke the bottle
もうボトルではないのはどっち？ 190

5.8 knowledge と information
「まとまり」がないのはどっち？ 192

5.9 I play the guitar と I bought the guitar
特定のギターを指しているのはどっち？ 194

5.10 go to the barber's place と go to the barber's
髪を切らないのはどっち？ 196

5.11 Jack put all his money in a bank と Jack banked all his money
預金しなかったのはどっち？ 198

XV

5.12 John as well as I is wrong と John as well as I am wrong
正しいのはどっち？ 200

5.13 He lives in Boston と He is living in Boston
仮住まいはどっち？ 202

5.14 to と toward
方向だけを示すのはどっち？ 204

5.15 I'll visit China in April と I'll be back in 3 minutes
in が終点を表すのはどっち？ 206

5.16 have a kick と get a call
視点が定まっていないのはどっち？ 208

5.17 Ken was hit by the truck on purpose と
Ken got hit by the truck on purpose
Ken が「当たり屋」なのはどっち？ 210

5.18 John caused her to go to the store と John caused her to drop her books
引き起こせないのはどっち？ 212

5.19 Mary threw him the box と Mary pushed him the box
いえないのはどっち？ 214

5.20 If you do the shopping, I'll give you some money と
If you will do the shopping, I'll give you some money
先にお金を渡すのはどっち？ 216

　　さらに学びたい人のために 218

　　あとがき 221
　　編著者紹介 228

第 1 章

英語の会話、どっちが正しい?

この章では、文法的には正しくても場にふさわしくなかったり、相手への配慮を欠いていたり、日本人学習者が意図するのとは異なった意味やニュアンスで伝わってしまうケースを見ていく。英語(圏)のタテマエ(文化的想定)という観点から考えてみよう。

1.1

こちらもチェック→ 2.9 5.2

You may have some of this cake と You must have some of this cake

自作のケーキをふるまうとき丁寧なのはどっち？

　今日子は敬語が苦手だ。社外からの電話に「今、課長はいらっしゃいません」といって部長に叱られてしまうし、「これちょっと拝見してください」と先輩にいって笑われた。尊敬だとか謙譲だとか、対人的なことを考えて会話をするのはとても疲れる。今日子は堅苦しいのが嫌でたまらないのだ。

　それにひきかえ、最近習い始めた英会話では会話が楽しい。なんたって英語には敬語がないから、誰に対しても気づかいの必要がない。英語はまだまだ不自由だけど、誰とでもフランクに、気楽に話せることが今日子は大好きだった。

　ある日、今日子は自宅でティーパーティを企画した。英会話のアンドリュー先生も招待して手作りケーキをごちそうしようと目論んだ。かなりのイケメン先生なのだ。自作のケーキを用意してテーブルに置き、今日子はお茶を用意していた。お茶を運ぶと、まだ誰もケーキに手をつけていなかった。今日子は「食べていいわよ」というつもりで、

(1)　You may have this cake.

といってみた。日頃の英会話のレッスンの成果も示さなくては、と思ったのだ。ところがアンドリュー先生は英米人がよくやる眉を上げる表情を見せながら少しびっくりした様子。それからちょっとしたレッスンが始まった。

　アンドリュー先生によれば、そういう場合、may を使うとエラそうないいかたになってしまうのだそうだ。今日子は may という助動詞は中学で「～してもよい」って習ったので、英語でも軽く「～していいよ」と

2

第1章 英語の会話、どっちが正しい？

いう感じのニュアンスだと思っていた。ところが、may というのは、こういう場合、「許可」を表す表現になってしまう。may という側、つまり今日子が許可を与える側、ようするに上位者で、お客様が許可をもらう側、つまりは下位者になるということを暗に意味する。つまり、「上から目線」なのだ。

英米など主な英語圏には、社交的な場では、お互いが対等であるように振る舞うタテマエがあるから、余計にカンジ悪いらしい。タテマエはどんな文化にもある！ ただ文化によってタテマエが違っているだけなのだ。逆にいうと、May I ... ? という尋ね方をするのも、場合によってはへりくだりすぎたいいかたになってしまって、この**対等のタテマエ**からするとよそよそしすぎるということもあるということだ。

じゃあ何ていってケーキを食べてもらえばいいのかな？ 今日子は率直にアンドリュー先生にきいてみた。

(2)　You **must** have some of this cake.

なんてどう？ とアンドリュー先生がいうので、今日子はまたびっくり。must =「～しなければならない」＝強い口調、といったイメージがあったからだ。でも、先生によると、これなら「ぜひ召し上がれ」という強いもてなしの気持ちが伝わるし、自分のつくったものなら、「食べてくれないと困るわ」というちょっと謙遜気味のニュアンスになることもあるのだそうだ。どちらか一方の者に多大な恩恵が与えられるように感じさせるのも英米の**対等のタテマエ**に反する。英語でも少しは対人的な配慮が必要なんだ、ちょっとめんどくさいなと今日子は思った。

1.2

こちらもチェック→ 4.19

I don't like . . . と
I do not like . . .

軽く「好きじゃないんだ」というにはどっち？

　太郎は、英語が社内の「公用語」の会社に勤務している。もちろん英語が母語の社員もいて、そういう人たちとの日常のやりとりは、英語だったり、日本語だったり、さまざまである。

　同僚のビルとはある飲み会以来親しくなり、勤務中でも気軽にことばを交わすようになった。ある朝、ビルが

　（1）　What's up?

と挨拶がてらにいってきた。挨拶されているような、何か質問されているような、よくわからないことばだったので、太郎は親しくなったことをいいことに、「それどういう意味？」と聞いてみた。ビルは「別にどうってことないよ、ただの挨拶」。太郎は「ふーん、What's up? が挨拶になるんだ。

　（2）　What is up?

がねえ」というと、ビルはあわてて、「たしかに What's up? は短縮形だけど、What is up? といういいかたはしないよ、少なくともそういうと挨拶にならない」という。

　太郎は困惑して、でも中学の時から What's も含めて短縮形をいろいろ習ってきたけど、短縮するのとしないのとで意味が変わるなんて聞いたことないぞ、と思った。

　そこでビルが説明をし始めた。

　「うーん、たしかに短縮してもあんまり変わらないものもあるけど、ずいぶん意味合いが変わるのもあるよ。What's up? なんかもそうだし、他には例えば、

(3) I don't like …
(4) I do not like …

なんかはだいぶ違うことがあるよ。どっちかというと(3)の I don't like … の方が軽い感じで「好きじゃないな」というニュアンスだけど、(4)の I do not like … だとキッパリと「好きじゃありません！」っていってる感じ」

「へぇー、他には？」

「そうだねぇ、

(5) I will have a beer.
(6) I'll have a beer.

なんかもそうだね。(6)は I'll have a beer, please ってお店で注文するような軽い感じだけど、(5)の I will have … は「私はそうしたい強い意志をもってます！ どうしてもビール一杯もらいます！」って感じになっちゃうね」

「へぇー、どうしてだろうね」

「うーん、たぶん、文全体の**韻律**(イントネーションやアクセント)が変わっちゃうからじゃないかな。I will … の場合なんかは、will という助動詞がもともともってる「意志」を表す意味が強調されるんだと思うよ。短縮すること自体がカジュアルさを生んでるともいえるしね」

中学の時から英文法の時間にいろいろな短縮形を習ってきたはずだ。そして、短縮してもしなくても意味は変わらないと教わってきただろう。しかし、必ずしも同じ意味にはならない。英語は、いいかた(韻律)の違いでニュアンスが大きく変わる言語なのだ。

1.3

No problem と No problem at all

丁寧ないいかたはどっち？

　アメリカの大学で日本語を教える明日子は、大学での業務に英語を使うことを求められることが多い。日本語教師の間なら日本語でもやりとりするが、他の同僚とは英語でコミュニケーションをとる。

　そんな明日子の悩みの1つは、どうも自分の英語がぶっきらぼうな感じがすることだった。日本語のような敬語が英語にはないし、母語のように英語を操れないのでしかたないとは思うが、どうしたらいいのかな、という悩みがいつも明日子の頭の片隅にあった。

　ある日のこと、そんな悩みを同僚のアメリカ人ジェシカに打ち明けてみると、「うーん、そんなに気にしなくていいと思うけど、ちょっとお茶でもして帰る？」というので、Yea, thank you と明日子。「でも書類つくっておかなきゃなんないんだけど、ちょっと待っててくれるかな？」とジェシカ。No problem と明日子。

　この時点で、ジェシカは明日子に対する英語学習のアドバイスを思いついていた。その後、カフェでジェシカのちょっとした英語レッスンが始まった。「例えば、さっきアスコが

　（1）　No problem.

っていったのなんかも、

　（2）　No problem at all.

って at all をつけるとちょっと丁寧な感じに聞こえるわよ」

「へぇー、そうなんだ」

「もちろん、すべてに当てはまるわけではないけど、**一般的にはちょっ**

第1章 英語の会話、どっちが正しい？

と何かことばを付け足していう方が丁寧ないいかたになる**わね**」

ジェシカのレッスンはさらに続く。

「ことばを発するということは、それだけ労力がいるわけだから、何か余分に付け足しているということは、それだけその人のためにエネルギーを捧げていることになるでしょう。もちろん、そんな大げさなことを意識してるわけじゃないけど、それは日本語でも何語でもだいたい同じじゃないかな。それとね、もう1つ大切なのは英語の**連帯のタテマエ**ね。あなたと私は親しくフレンドリーな関係ですよ、っていうタテマエ。これが英米圏の丁寧さの1つなの。ことばを多く付け加えるってことは、より関わりが深いということになるでしょう？」

例を挙げてみよう。Do you …? と聞かれて、例えば Yes と答えれば、答えの情報量としては十分かもしれないが、やはり Yes, **I do** と I do と加える方が丁寧な感じがする。それから、「知りません」というときも、

(3) I don't know.

というより、

(4) I **really** don't know

と、really を付ける方が丁寧で、申し訳ない感じが伝わる。

だから、さっきの場面でも、もちろん、とくに親しい間柄では No problem で十分な場合が多いが、No problem at all という方が丁寧ないいかたになるわけだ。

一般的にどんな言語でも、ことばが少ない方がぶっきらぼうな感じに受け止められやすいし、たくさんおしゃべりする方が社交的で、フレンドリーな感じがするだろう。社交的に、たくさんおしゃべりするというのは**連帯のタテマエ**を守る大切な要素の1つだ。

このあたりも日本語でも同じかもしれない。「すみません」というより「どうもすみません」という方が、申し訳なさが伝わる感じがするだろう。もっとも、何でも付け加えていえばいいというものでもないので、時には注意が必要である。

1.4

こちらもチェック→ 5.13

Do your best! と Good luck!

試合や試験の前の人に「がんばって！」というときはどっち？

　次郎は、留学生と日本人学生の交流を支援するサークルに所属する大学生。今日は、大学主催でそのサークルが支援する日本語スピーチコンテストのレセプションにきていた。日本の大学なので、こういう場合のことばは基本的には日本語である。その方がせっかく日本にきた留学生のためにもなる。でも時々、お互いの言語独特のフレーズなどを話題にしたりして、会話を楽しんでいた。

　パーティにきていた留学生の1人マークは、明日のコンテストに出場するアメリカ人である。少し緊張した面持ちだったが、彼もパーティを楽しんでいた。次郎は韓国人留学生のヨンジュンとともにマークと会話していた。

　ひとしきり明日のコンテストの話に花が咲いて、話題が変わろうとする頃、次郎が「じゃあ、マーク、明日のコンテストがんばってね！」というと、マークは「ありがとう」と笑みを浮かべた。そこで次郎は、そういえば「がんばって！」って英語で何ていうのかな、としばし考え、試しにマークにいってみようと思い立ち、

　　(1)　Work hard! Do your best!

と英語に切り替えていってみた。これにはマークは目をシロクロさせてびっくり。マークがいうには、どうも英語ではこういう場合そんないいかたはしないらしい。

　この話には韓国人のヨンジュンも「へぇー」と興味津々。「韓国では、同じような状況で若者がよく『ファイティン(Fighting!)』なんていってるけど、そういう英語もいわないのかな？」とたずねる。

マークは「それも英米圏の英語では使わないいいかただね」
2人は興味深げに、「じゃあ、こういう場合、なんていうの？」
「そうだね。軽く、

 (2) Good luck!

っていうくらいじゃないかな」
　理由はこういうことらしい。
　英米圏では、試験や試合など緊張してしまうようなイベントに望む人には、むしろ緊張しないようにと声をかける。もともと緊張しているから、「がんばれ」というようなことをいうと緊張しすぎて、自分本来の能力が発揮できないと考える。つまり、「がんばりすぎるなよ」と声をかけるわけだ。日本語で、「緊張（感）が足りない」というとけなしているようなニュアンスがあるが、英語圏では、「リラックスしている＝本来の実力を発揮できる」と考える。つまり、リラックスしているのが正常な状態ということだが、これは、フレンドリーであればリラックスしている、という**連帯のタテマエ**の応用版である。最近は日本のスポーツ選手もいうようになってきたが、

 (3) Enjoy the game!   （試合を楽しめ）

というようないいかたは、もともと欧米のこのタテマエからきている。ガムをかみながら、一見まじめにやっていなさそうに見えるプレーヤーも、実はリラックスしようと「必死」になっているのかもしれない。

 (4) Take it easy.

も、英米のタテマエをよく表した慣用句だ。
　日本人はがんばってベストを尽くそうとするし、英米人はリラックスしてベストを尽くそうとしている。ずいぶんとアプローチが違うものだ。Good luck に Take it easy、それに「がんばって」や「ファイティン」のような慣用句に、そういうタテマエの違いが表れているんだなと次郎とヨンジュンは思った。

1.5

こちらもチェック→ 1.8

I'm glad you said so と
No, not at all

褒められたとき答えるのはどっち？

　今日子は、仕事を終え、今日も英会話学校のレッスンにやってきた。英会話学校でのひとときは、仕事のうさを晴らしたい今日子にとって貴重な時間だった。

　学校に着くと、アンドリュー先生にばったり会った。あいさつを交わし、しばし歓談。そのなかで、アンドリュー先生は、休まず通って英語を上達させた今日子を褒めそやした。お褒めのことばをもらえると思っていなかった今日子は、思わず、

　（1）　No, no. Not at all. I am a bad student.

と謙遜をしてみせた。

　ここでアンドリュー先生のレッスンのはじまり。先生はこういうよい勉強のチャンスを逃さない。

　「今日子、今の謙遜の仕方はとても日本的だね。もちろん、英語を話している時も日本的に振る舞うかどうかは、大げさにいえば今日子の生き方の問題だから、僕がとやかくいうことじゃないけど、英米圏のタテマエについて教えてあげよう」

　「そっか、私、いま思わず謙遜しちゃったわね。英語では謙遜なんかしないのよね？　でも、またタテマエが関係するの？」

　「うん。多くの日本人は、英米の人は謙遜しないと思ってるけど、実はそうでもないんだ。謙遜する時もある」

　アンドリュー先生の話をまとめるとこうだ。

　英米人も謙遜はする。しかし、謙遜の原理が日本のタテマエと違っている。日本人の伝統的な謙遜は、「自分を下げる」で、さらには時に「相

手よりも自分を下げる」ことによって、相対的に「相手を上げる」ことで敬意を表す、というしくみからなる。あいさつことばの「よろしくお願いします」も基本的にはこの原理に基づいている(1.8節を参照)。「私はあなたによくしてもらわなければならない、あなたに依存するものです、私はあなたより下位のものです」というタテマエを演じているわけだ。

一方、英米人が謙遜する場合は、**対等のタテマエ**に基づいている。自分が過度に褒められたりすると、「対等」ではない、不均衡な状態になる。そのため、なるべく「対等」の状態に戻るよう軽く謙遜するのだ。しかし、「相手より自分を下げる」ようなことをいったり、今日子のようにI am a bad student などと自己卑下することは基本的にしない。卑下しすぎると、これも「対等」の均衡状態をやぶってしまい、**対等のタテマエ**に反してしまう。

だから、褒められたりすると、

　　(2)　I'm glad you said so.

のように軽く受け入れて、さらっと流す。ことさらに自慢もしなければ、ことさらに強く否定して、自己卑下することもしない。それが英語流だ。英語では、褒められたら喜んで受け入れるというが、これも軽めである。

ついでの話、英米人は自分の身内を褒められると、

　　(3)　I'm proud of my son.

のようないいかたをすることがあるが、これは、とくに自慢しているというほどでもないと考えてもよい。「誇りに思っている」という自分の心情を表しただけともいえる。日本では一般に、身内についても自分と同様に謙遜の対象となるために、日本人からみると実際以上に自慢しているように感じるのだろう。

1.6 I want to talk to you と Can I have a minute?

こちらもチェック→ 1.9

軽く話をしたいときはどっち？

太郎の上司はアメリカ人、名前はピーター。太郎は仕事だけじゃなく、英語も一所懸命だった。なんていったって、太郎の会社は英語が公用語なのだ。

上司がアメリカ人というのは、英語を使わなくてはいけないから大変だけど、何でもストレートにものをいえるから、太郎は自分の性に合うと思っていた。ある時、ちょっと相談ごとがあって、上司に、

(1) I want to talk to you.

と話しかけてみた。すると、上司はいくらかぎょっとした顔をして、じゃあ会議室に行こう、という。太郎は会議室を使うほど重要な話ではないと思っていたので少し不思議に思ったが、とりあえずついていった。

話は、来週予定されている部内の歓迎パーティの話。ピーターはあきれた顔で、なんだ、そんな話かと拍子抜けした様子だった。

「いいかい、タロウ。ちょっと話がある、っていうくらいの場合は、

(2) Can I have a minute?

のようないいかたにしてくれよ。心臓に悪いから」

「えっ、どうしてですか？」と太郎。

「I want to talk to you っていうと、いいかたによってはちょっとけんか腰のような感じに聞こえるときがあるよ。てめえ、ちょっとツラかせ（まあ、日本語でいうとだけど）みたいに」

これには太郎もびっくり。アメリカ人は何でも「フランク」に「ストレート」にものをいうと思っていたので、I want to ... もストレートでよいと考えていたのだ。

ここで働いているのは**独立のタテマエ**だ。たしかに英米人は、自分がどうしたいかということについては比較的はっきりものをいうのが一般的だ。それぞれの「独立」が尊重されているタテマエがあるから、いっても許される。それに、自分の考えはきちんと相手に伝えないと、場合によってはそもそも考えがないものと見なされて、逆に相手の思い通りにされてしまう危険性がある。だから、とにかく自分の主張ははっきりいうという傾向は、日本人と比べるとたしかにある。

　ただし、それは相手にどれくらい影響が及ぶかによる。**独立のタテマエ**によれば、自分の「独立」を尊重してもらう代わりに、相手の「独立」も尊重しなくてはいけない。I want to talk to you という自分の希望は、当然、相手の身体と時間を拝借するわけだから、相手の「独立」を脅かすことになる。だから、そういう場合は相手の「独立」を尊重して、Can I …? とお伺いを立てるいいかたをする。つまり、自分の都合を押しつけないようにすることで、相手の「独立」を脅かさないようにする(少なくとも表面的には)。アドバイスの場合と同じで(1.9節を参照)、英語圏ではタテマエ上は、押しつけを好まないのである。

　Could you …?、How about …?、…, isn't it?(付加疑問文)、I guess、kind of など、英語は実はとても間接的な慣用表現が多い。他のヨーロッパの言語と比べてもかなり間接的だ。ちなみに、Can you …? といういいかたで依頼をするのは、一見、日本語に似ている。日本語でも、「してくれませんか?」といういいかたでお願い事をするからだ。間接的ないいかたが丁寧であるという点では、日本語も英語も共通している。

1.7

We Japanese と Japanese people

「私たち日本人は」といいたくなったらどっち？

アメリカの大学で日本語を教える明日子は、ある日マシューと議論をしていた。話題は日本人とアメリカ人との違い。議論が白熱し、明日子はあるところで、

(1) **We Japanese** tend to think this way.

といういいかたをした。すると、マシューはちょっと議論を中断。
「アスコ、そのいいかたは英語ではあんまりしない方がいいよ」
「えっ？ どこが？ なんで？」と明日子。
マシューの説明はだいたいこういうことだった。

問題は We Japanese といういいかたである。日本では一般的に、あるいはテレビなどのマスメディアでも「我々日本人は……」、「私たち日本人は……」といういいかたはよくされるし、とりわけ違和感のある表現ではないと思っている日本人は多いだろう。同様に、「彼ら(彼女ら)アメリカ人は……」といういいかたもよくされる(それを聞いたアメリカ人がどう思おうと)。これも日本人には普通のいいかただ。

よく考えると、「私たち日本人」といういいかたには2つの問題が隠れている。1つは、「私たち＝日本人」ということで、日本人はみな同じである、という前提である。「あなたたちアメリカ人は」といういいかたも同様で、多様にいるアメリカ人が十把一絡げにみな同じであるという前提に立ってしまう。

もう1つの問題は、「私たち日本人は」といってしまうと、相手が日本人でない場合、「日本人」対「非日本人」という対立の構図をつくり出してしまうことだ。これは、敵対関係、とくに国と国、国民と国民という

対立を暗に意味してしまいかねない。

つまり、We Japanese といういいかたは、自分たちを個性のない、ひとまとめの集団と見なすのと同時に、それ以外の人たちと自分たちとは違うということを意識させ、集団対集団という対立を生み出してしまう可能性があるのだ。

これは、英米圏で一般的にある**個のタテマエ**に反する。日本人にもアメリカ人にも何人にも、実際にはいろんな人がいて、それぞれが個性をもっている。また、日本人とアメリカ人が普通に会話をする状況では、別に国を代表して、国対国という首脳会談のようなことをしているわけではない。たまたま日本人である「個」とたまたまアメリカ人である「個」が、コミュニケーションをしているというのが、英米圏の一般にある**個のタテマエ**である。

「じゃあ、何ていえばいいの？」と明日子。

「そうだね、Japanese people くらいで十分じゃないの」

Japanese people といえば、いま会話をしている（たまたま日本人の）私と（何人でも別にかまわないけど、たまたまアメリカ人の）あなたが一般的な話として、客観的に「日本人」といっているだけで、いま話し合っている私とあなたがそれぞれ「個」であるというタテマエは保てる、というわけ。

個のタテマエは**独立のタテマエ**から生み出されたか、あるいはその逆である。いずれにしても、両方とも互いに密接な関係がある、英米圏の重要なタテマエである。もちろん、日本でも人の個性は尊重されていないわけではないが、タテマエ上、個性を尊重するということにはなっていない。We Japanese というように、むしろ皆同じというのがタテマエだ。

英語を話すときは、こうした日本的なタテマエはちょっと置いておいて、欧米式の個のタテマエに従う必要があるのかも、と明日子は思った。

1.8

Nice to meet you と Please take care of me

「よろしくお願いします」とあいさつするならどっち？

　次郎は「プチ」ホームステイに心躍らせていた。今度の夏休みに英語圏に行ってホームステイをする予定だが、ちょっと予行演習をしておきたかった。そういう次郎の希望を知った大学の先生が、超短期ホームステイを受け入れてくれる都内のイギリス人の友人スミスさんを紹介してくれたのだ。もちろん、家の外に出てしまえば日本だが、イギリス人の家族といっしょに週末を過ごすことで、少しでもホームステイを経験できるというわけだ。

　いよいよ待ちに待ったその週末。教えてもらった住所に地図を頼りに向かい、無事たどり着いた。スミスご夫妻と 10 代の娘さんと息子さん、4 人勢揃いで出迎えてくれた。次郎は感激の中、あいさつを交わしたのち、日本語のいつものフレーズが脳裏をよぎった。あれ？「よろしくお願いします」って英語で何ていうんだろう。あまり思案に時間を割くわけにもいかず、次郎は、苦肉の策の翻訳を始めた。「よろしく」ってことは、自分の面倒を見てくださいよ、ってことなので、take care of me だな、後は「お願いします」だから、please でもつけておこう。次郎としては超高速でそう考えて、

(1) Please take care of me.

といったので、スミス一家はポカンと口をあけて、しばしわけがわからないといった様子だった。しかし、スミス先生はさすが日本の大学で教えているだけあって、ピンときた。次郎の翻訳の過程を見抜いたのだ。

　そこでスミス先生の講義。「次郎君が『よろしくお願いします』って英語でいおうとしたのは、わかったよ。でもね、英語では、そういういいかたはしないんだ。つまり、そういうことをいう習慣がないので、そういういいかたも表現もないんだよ。そういう場合は、

(2) Nice to meet you.

で十分。他にも例えば、『いただきます』とか『ごちそうさまでした』といういいかたも英語にはないよ。日本人から見ると、ずいぶんお行儀が悪いな、と思うかもしれないね。でも、そういうことをいう習慣がないから、そういう表現がないんだね。『おいしいですよ』とか『すばらしい料理だった』ということはもちろんあるけど、『ごちそうさま』のような決まったいいかたがあるわけじゃない。逆もあるよ。次郎君、いっしょにいる人がくしゃみをしたら何ていう？」

「ええっ？　なんにもいいませんよ」と次郎。

「日本語ではそうだよね。でも英語ではそういう時、よく Bless you! っていうんだ。それも習慣だね」

「なるほど」

「それともう１つ。『よろしくお願いします』っていういいかたが英語にないことには、**対等のタテマエ**が関係してるんだ。英米圏には『お互いが対等』というタテマエがあるから、どちらかがどちらかに無条件に依存するという態度は、たとえ本当はちょっと頼りたいと思っていても表には出さないんだよ。一方、日本の方は、『私はあなたに頼らなければやっていけない存在です』という**謙遜のタテマエ**があるよね。『よろしくお願いします』というのはそういうタテマエの表現でしょう？　ほんとはよろしくしてもらわなくてもいいと思っててもね」と、最後はちょっといたずらっぽくスミス先生は笑った。

1.9

こちらもチェック→ 5.2

You had better not go と I wouldn't go

「行かない方がいいよ」とアドバイスするならどっち？

　今日子は一日の仕事を終え、今日も英会話学校にやってきた。今日はエリザベス先生のレッスンだ。レッスンも楽しく進み、レッスンを終えた。するとエリザベス先生が今日子に「ねえ、キョウコ、今夜、珍宿シルバー街のゲイバーに行ってみようかと思うんだけど、いっしょに行かない？」と誘ってきた。

　「えー？　ゲイバー？　行かないよ、そんなとこ」

　「そう？　残念、じゃあ、ワタシ1人で行ってくるわ」とエリザベス先生。今日子はあわてて思わず英語で、

(1)　You had better not go to such a place alone.

とさけんだ。これにはエリザベスもちょっとムッとした様子。どうしてそんないいかたするのよ、とレッスンのつづきになってしまった。

　英語ではそもそもアドバイスをあまり直接的ないいかたではしない傾向がある。これは**独立のタテマエ**のなせる業だ。お互いの独立が尊重されていることになっているので、ズケズケと相手に指図するようないいかたは好まれない。親しさの度合いにもよるが、いわれたくもないし、いうのも避けがちである。

　アドバイスすることが相容れないもう1つのタテマエは、**対等のタテマエ**である。相手と自分は対等で、どちらが上でも下でもない、というタテマエである。アドバイスは、アドバイスする側＝上位者、される側＝下位者、という関係を暗に生み出してしまうので、これもタテマエ違反。

　もし、アドバイスに近いいいかたを避けて、より「おすすめ」に近いニュアンスがあるようにいうなら、should を用いたいいかただろう。そ

の方が、「おすすめ」をしているか、あるいは自分の意見をいっているだけの表現になる。押しつけ的なニュアンスはより少なくなり、上位者であるような想定もあまり生み出さない。

had betterという表現には、アドバイスが生み出すタテマエ違反よりもさらに問題がある。この表現には、脅迫して、強要しているようなニュアンスがあるのだ。コワイいいかたになりかねないのと同時にエラそうないいかたになってしまう。

このように**独立のタテマエ**にも**対等のタテマエ**にも反さないようにいういいかたの1つは、

　　(2)　I wouldn't go to such a place alone.

などだろう。「私ならそんなところ1人でいかないな」という、押しつけもせずエラそうにもしないいいかたである。実質的にはアドバイスしていることにもなるが、少なくとも形式的には「自分」のことをいっているので、「独立」も尊重することになるし、自分の方が上位者だというニュアンスもないので、**対等のタテマエ**も守ることになる。

この話を立ち聞きしていた日本人のヒノウエ先生が、「日本映画の英語字幕なんかにもこういう違いが表れていることがあるよ」と横槍を入れてきた。例えば、『千と千尋の神隠し』（日本版DVD）には、リンという湯屋で働く娘がセン（千尋）に「今、カマジイのところに行かねえ方がいいぞ」というシーンがあるが、この英語版の翻訳はI wouldn't go to Kamajiiだ。リンは威勢のいい女性だが、この場合は脅迫のニュアンスまではないので、had betterだと強すぎると翻訳者は考えたのだろう、とのこと。

「すべき」を意味するshouldや命令に近いmustより、「ほうがいい」のhad betterがソフトでいいだろうと何となく考えがちだが、そうとは限らないことを今日子は学んだ。でも、それは日本語のやりとりでも同じことだ。今日子は、英語から学んだこのスマートなアドバイス表現を、日常生活でも取り入れていこうと思った。

1.10

こちらもチェック→ 1.5 5.2

Thank you VEEERY MUCH と Thanks!

友人に感謝を表すならどっち？

　英語が社内の公用語となった会社に勤務する太郎は、英語でのプレゼンの準備をしていた。スライドを英語でつくり、口頭で説明をするためにも原稿を用意していた。英語でするプレゼン向けの本などを参考にしてつくったのだが、ちゃんとした英語になっているか、どうも不安だ。

　そこへちょうどいいタイミングで、同僚で仲良しのラルフがやってきた。太郎はラルフを呼び止め、スライド原稿の英文のチェックを頼んだ。快諾したラルフはしばらくプレゼン資料を眺め、赤ペンでいくつかの修正をして返した。

　太郎は立派な英語になって原稿が返ってきて、感激。そして、

(1)　Thank you VEEERY MUCH!

と very much を大げさに強調していってみた。すると、ラルフは苦笑い。「そのいいかた、やめた方がいいなあ」とラルフのレクチャーが始まった。いつも、ヘンな英語をいったら教えてくれるように頼んであるのだ。

　一般に、英米圏で日本人は「謝りすぎ、感謝しすぎ」といわれることがある。日本人によくある特徴だし、ほほえましく、好意的に受け止められることもある。しかし、これには思わぬ誤解を受ける可能性があるので注意が必要である。

　先の太郎の感謝の表現の場合、1つの問題は、イントネー

ションである。英語には丁寧ないいかたがないと思っている日本人がけっこういるが、実はそんなことはない。たしかに、日本語のように体系化された敬語はない。だが、英語では対人的な配慮を表すのに、**韻律**(イントネーション、アクセントなどことばの音声上の特徴)に大きく依存しているので、丁寧さは、いいかたや発音の仕方に大きく左右される。

一般に、ゆっくりとはっきりした発音の方が丁寧ないいかたと受け止められる傾向がある。ところが、ここには落とし穴がある。度が過ぎると、子どもに対して話しているかのように感じられ、場合によっては相手をバカにしているかのように聞こえてしまう。それくらい韻律は重要だ。

太郎の Thank you VEEERY MUCH! といういいかたは、very much を強調しすぎたために、「ありがとよ！」という感じの嫌みっぽいいいかたになりかねない、というのだ。英語でよく用いるいいかたで、Veeeery Funny という表現があるが、「おもしれーのっ」といった感じで皮肉の意味ととられるのが普通である。

もう1つの問題は、**対等のタテマエ**に関わるものだ。英米圏では、社交的な場面では、お互いが対等というタテマエがあるので、対等であるような「ふり(ふるまい)」をすることが時として必要である。だから、あまりにどちらか一方が感謝しすぎたり、謝りすぎると、このタテマエに反してしまう。へりくだりすぎると何か偽善的な感じがすることがあるということだ。友人同士なら、

(2) Thanks!

くらいで十分である。

日本の美徳とされている謙遜にも同じことがいえるだろう。日本の謙遜は自分をへりくだらせて、相対的に相手を上げる敬意の表し方だ。実は、英米人も謙遜はするが(1.5節参照)、相手よりへりくだるということはあまりしない。

I know them と
I know who they are

有名人を(聞いて)知ってるというときはどっち？

　明日子はアメリカの大学で教える日本語教師。アメリカの大学に勤務するくらいだから英語もかなりできる方だ。しかし、時には英語のネイティブと理解にズレがあったりする。

　日本語クラスを選択するだけあって、明日子のクラスには日本文化に興味のあるアメリカ人学生も多い。そういう学生たちに明日子が日本人アーティストで誰を知ってる？　と聞くと、たいていの場合、宇多口ピカルと Y-JAPAN をあげる。他にもアニメ MARUTO などの主題歌を歌う、明日子にはナゾ(？)の歌手の名をあげる学生などがいて、日本アニメの広がりを感じたりもした。

　ある日本語クラスに Y-JAPAN の大ファンのアメリカ人エミリーがいた。授業の後などによく明日子に話しかけてくる。

　「アスコセンセイ、Y-JAPAN って知ってる？　私ものすごく好きなんだ。とくにヨシ」と、その日も頬を紅潮させて話しかけてきた。

　明日子はファンではないけれど、Y-JAPAN のことは多少知っていたので、「うん、知ってるよ」っていう意味で

　(1)　I know them.

と答えたら、さあたいへん。突然エミリーは大興奮。「すごい！　じゃあサインもらえるかなぁ。もらってくれる？　お願い！　ていうか、何で知り合い？」などと突然ペラペラと高速でしゃべり出し、ついに明日子もついていけなくなった。

「いやいや、そうじゃなくて彼らは有名なグループだよね。日本人ならたぶん多くの人が知ってるよ」などといい直し、何とか直接面識があるわけでなく、有名人として知っていると説明し、ようやくエイミーを落ち着かせた。明日子はどうしてそんな勘違いをされるんだろうと不思議だった。

後で、アメリカ人の同僚ジェシカにこの話をしてみると、どうもこういう場合は、

　（2）　I know who they are.

というべきだったことがわかった。

つまり、I know them というと、直接その人たちを知っていて、お互いに知り合いであるということを暗に意味するらしい。有名人のことを面識はないけれど知っている、という意味では、I know who they are という表現が適切である。つまり、Y-JAPAN が何者であるかを知っているという意味である。

明日子は、あんまり大差がないと思えるような違いが、会話ではエライ違いになってしまうんだなと実感。コンテクストで何となくわかってくれる人もいるかもしれないが、興奮したエミリーには無理だった。

このような違いは基本的には文法の違いだが、英語特有のコミュニケーションのタテマエと無縁ではないかもしれない。**個のタテマエ、連帯のタテマエ**がここにはひょっとして関わっていて、人との関わり方が文法構造や表現の慣習と関係しているとも考えられる。日本語だと、「個」と「個」という関係で知っているか、集団の知識として知っているのか、という区別がはっきりしないのである。

1.12

Are you still single? と
How have you been?

久しぶりに会う知人に話しかけるならどっち？

　太郎はイギリス留学時代の友人ジェイムズに10年ぶりにばったり再会した。その頃はまだ2人とも大学生で、お互い独身で彼女もおらず、ともに独り身生活を謳歌し（なぐさめ合っ？）ていた。ところが、太郎は2年前に結婚していた。そのうれしさのあまりか、太郎はジェイムズがまだ独身なのかを知りたくもあり、会っていきなり、

　（1）　Hey, James! It's been a long time! Are you still single?

というと、ジェイムズはちょっとびっくり、戸惑い顔。太郎はフレンドリーに振る舞ったつもりだったが、どうもジェイムズはこの太郎のいきなりのことばに違和感を覚えたようだった。しかし、なつかしさもあって、その後、2人は飲みに行き、昔話に花を咲かせた。

　しばらくして、太郎は、再会の際のやりとりに対するジェイムズの戸惑った反応が気になり、それに話を向けてみた。ジェイムズによれば、つまりはこういうことだった。

　いかに知り合いとはいえ、いきなり

　（2）　Are you still single?

つまり独身かどうかなどというプライベートな話題を挨拶代わりにすることは、英米圏の人同士ではあまりしない。そういうことは会話がすすんで、成り行きで話題になればするし、あるいは、たまたまその話題がお互いの関心事である場合にはする。それでも普通、プライベートな話題については自分からいい出さない限りは相手も立ち入ったことをいわないのがタテマエ、ということのようだ。ひさしぶりなら、

(3)　How have you been?

などのような一般的な話から入るのが普通である。

　もちろん、これは親しさの度合いにもよるだろう。しかし、日本の慣習で考えられるよりはずっと、英米圏(とくに、いわゆるアングロサクソン系の文化)では、お互いの「独立」したプライベートな領域には踏み込むことに遠慮がある。形式張らないことをよしとし、フレンドリーな振る舞いをするとされているアメリカ人でさえも、この傾向は一般的な日本人よりもずっと強い。

　これは英米圏の**独立のタテマエ**の働きである。That's none of your business!（おまえの知ったこっちゃない！）という慣用表現が英語にあるが、これなどはその典型であるし、Could you …? などのような間接的な依頼の仕方をすることが一般的なのも実はその特徴を表している。そもそも「プライバシー(privacy)」「独立」という概念は、英米(アングロサクソン)の特徴だ。

　日本では、相手を気づかう意味で、プライベートなことについて比較的ずけずけと介入する伝統のコミュニケーションスタイルが特徴的だったが、それはおじさんおばさんより上の世代の話。最近の若い世代の人たちの間では、知人でもあまり立ち入ったことをいわない「不介入」の傾向が強まっている。一見、個の「独立」を重んじる英米圏の考え方に近づいてきたようにも見える。

　ところが、この「不介入」と「独立」では、結果は同じでもその根本原理が異なっていると考えた方がよいだろう。英米圏(出身)の先生には一般的なことだが、あまり生徒を授業中に「当てる」ことをしなかったりする。でもこれは「不介入」ではない。なるべく生徒が自発的に発言するのを待っているのだ。生徒の「独立」した自発的な意志を尊重し、無理強いしないという**独立のタテマエ**が、そういうところにも表れている。

1.13

Danger(ous)! と Watch out!

「あぶない！」にあたる英語表現はどっち？

　今日子は今日も仕事の後、大好きな英会話学校に来ていた。いつもレッスンが楽しみだった。学校に着いて、遠くにアンドリュー先生が見えた。あいさつをしようと先生に向かっていくと、横から荷物運搬の台車が、よほど急いでいたのだろう、猛スピードで突進してきた。そこで今日子は「あぶない！」のつもりで、思わず、

　　(1)　Dangerous!

と叫んだ。表現はともかく、とにかく今日子の大きな声で、アンドリュー先生も危機に気づき、難を逃れた。
　でも、ここでアンドリュー先生のレッスン。
「そういう時はね、

　　(2)　Watch out!
　　(3)　Look out!

などというんだよ」
　「そっか、なるほど」と、今日子はまた今日も1つ勉強になってよかったなと思った。
　ところが、そこにその英会話学校の日本人の先生、ヒノウエ先生が横槍を入れてきた。
　「これにはけっこうおもしろい日本語と英語の違いが潜んでるんだよ。たんに『あぶない = Watch out』っていうことじゃないんだ」
　「じゃあ、何ですか？」と、これには今日子だけじゃなく、アンドリュー先生も興味をひかれた。
　「よく考えてみて。『あぶない！』っていう日本語の表現は、実は何も

指示も命令もしてないよね？「危ない」という状況をただ描写してるだけでしょう？」

「そういえばそうだ」とふたり。

「その証拠に、日本の小さな子どもが道路に飛び出しそうになった時に、『あぶない！』っていっても、止まれないことがあるみたいだよ。ほんとにあぶないね。だから小さな子どもには、そういう時、『あぶない』じゃなくて、『止まりなさい！』っていった方がいいんだ。この方が子どもが瞬時に反応できる。こちらは「命令」形式だから、英語に近いでしょう？」

「ほんとだ」とまたふたり。

「つまり、『あぶない＝止まれ』は、難しいいいかただけど大人の解釈の慣習があるから理解可能なんだね。いいかえれば、それは日本語の文化的慣習だ。実はこの違いを見つけることは簡単なんだよ。日本語と英語の表示が併記されている空港なんかに行ってみると、例えば、動く歩道の終了地点あたりで、お客さんがつまずいたりしないように、英語ではWatch your stepって天井からぶら下げられた看板に書いてある。だけど、日本語ではなんて書いてあるかというと、『まもなく終了します』なんだ。つまり、英語では文法でいうと**命令**の形式になってるものが、日本語では**描写**の形式になってることが多いんだよ。日本の映画のDVDなんかを英語字幕で見ると、よくわかるよ。いくらでも例があるから。たまたま翻訳した人の訳し方の癖とはとてもいえないくらいたくさんあるよ」

英語字幕のあるDVDなら、日本の映画も英語の勉強になるんだな、とふたりも感心しきりだった。

1.14

You wear a nice shirt と
I love your shirt

相手のシャツを褒めているのはどっち？

　大学生の次郎は陽気な人柄で、周囲の人たちにも人気があった。しかも、「ヨイショの次郎」といわれるほど、人を持ち上げて褒めそやすのがうまい。上手におだてて、周りの人たちをいい気分にさせるのが得意だった。

　人に会うたびに、「そのジャケットいいねぇ」、「きょうもいい男だねぇ」などと普通なら歯の浮くようなことばをいとも簡単に、しかも愉快にいい放って、周りを穏やかにする。周りも、ただおだてられているだけだとわかってはいるが、悪い気はしない。次郎にうまい具合に乗せられている。次郎もそれを自分の1つの取り柄として磨こうとしていた。褒めの達人になろう、そう思っていた。

　そんな次郎にも1つの壁があった。英米圏からの留学生には、この「ヨイショ」がなかなか通用しない、というのが悩みだった。褒めたつもりでも、相手はあまり喜んでいるふうではないのだ。

　ある日、次郎は留学生向けのパーティに出席することになっていた。次郎は英語もまあまあ得意で、国際交流サークルに所属していた。その日も次郎は持ち前の明るさで周りを盛り上げようと張り切っていた。それに加えて次郎には名案があった。一度、いろんな国からの留学生たちに得意のヨイショを試してみて、ついでにいろんな国の人たちの褒めことばを観察してみようと思ったのだ。文化によって褒め方が違うのではないかというのが次郎の仮説だった。

　以下は、次郎の涙ぐましい「実験」結果の物語である。

（観察その1）　アジアの留学生にはわりと次郎の「ヨイショ」が通用する。

ツボが同じという留学生が多かった。やはり、広い意味での同じ文化圏にいるからだろうか。

観察その2　問題の英米圏からの留学生には、やっぱり次郎流の「ヨイショ」がなかなか通用しない。

英米圏の学生たちは、個人的な気持ちを肯定的に伝えることで相手を褒めることが多い。よく観察すると、英米圏の学生たちの褒めことばは、

(1) I love your shirt.

といういいかたがどうやら多い。次郎は、最初これはたんにその人が好きだといっているので、褒めことばとは気づかなかった。だが、どうも表情などを見ていると褒めことばのようなのだ。

次郎がいつもしているほめ方は英語でいうと、例えばシャツなら

(2) You wear a nice shirt.

といういいかただった。シャツに肯定的な評価を与えている、という褒め方だった。英語流とは少し違っている。

人を褒めるのは時として難しい。褒め方によっては嫌みっぽくなったり、うまくいえなくて褒めことばと受け取ってもらえなかったり、逆に下心があるんじゃないかと勘ぐられたりする。

それに加えて、褒めことばには文化的な違いがあるということが今回の次郎の観察の成果である。ここには英米の**連帯のタテマエ**が働いている。You wear a nice shirt も褒めことばになり得るが、「一般的に」nice だといっている点で客観的な感じだ。客観的なのも悪くないが、I love your shirt は、「私が」よいと思っている、と褒めている分だけ、より暖かい、人と人との連帯を生み出す褒め方なのだと次郎は思った。

1.15　Please have a seat と Have a seat, please

こちらもチェック→ 4.20

丁寧なのはどっち？

　アメリカの大学で日本語を教える明日子は、アメリカで生活しているが、英語が母語というわけではないので、日々、さまざまな疑問にぶつかる。その1つは please の使い方だった。例えば、please を文の頭につけるのか、文の後につけるのかで違いはあるのか、あるいは同じなのか、まったくもってナゾだった。

　お店などで接客されている時は、

（1）　Please have a seat.　　　　　　（どうぞおかけください）

というようないいかたをよくされるが、そういう場合、あまり Have a seat, please といういいかたはされない気がする。また、

（2）　Could you please repeat it?

（もう一度いっていただけますか？）

という表現は一般的にとても丁寧だと思われているが、いいかたによっては、イライラしているような印象を相手に与えることもある。この前は、バスの運転手が

（3）　Exact change, PLEASE!　　（おつりのないようにお願いします）

とちょっと please を強調するようないいかたを乗客にしていたら、乗客がムッとしているのを見かけた。

　こういう時は、ネイティブで、ことばの微妙な違いを説明できる先生に聞くのが一番、と信頼する同僚ジェシカに聞いてみた。

　「うーん、けっこう微妙な問題だね。一概にいえないかもしれない。例

えば、お客さんなどに対して、Please have a seat というのは慣用的ね。ほとんど決まったいいかたという感じ。ちゃんとしたいいかたならそれが丁寧でいいと思うけど、だからといって、please を先にいえば丁寧、ということにはならないね。Could you please …? もアスコがいうように、いいかたによっては丁寧とは限らないしね」

「じゃあ、どういうふうに考えればいいのかな？」

「Please have a seat や Could you please …? のようにある程度決まったいいかたはそれで基本的には丁寧だと思う。だから、Have a seat, please はやっぱりへんで、Please have a seat というのがいいわね。あとは**韻律**、つまりイントネーションや強調の置き方なんじゃないかな。一般的に、please を強く発音するといらだっていたり、嫌みや皮肉でいってる感じがする。カジュアルな雰囲気で親しい間柄なら、please なんていわない方がいいことも多いしね。かえって押しつけがましい感じになったりするから」

「なるほどね。難しいのね。やっぱり英語という言語は韻律にだいぶ左右されるってことか」

この問題はとても難しいが、please がこのように微妙な受け止められ方をするのは、**対等のタテマエ**があるからともいえる。上下関係があったり、親しい関係ではない場合は、please は礼儀にかなった丁寧な意味合いをもつのが普通だが、親しい間柄だと、そもそもこのよそよそしい（かもしれない）ことばである please はいろいろと「余計な」意味を持ちやすいのであろう。多少のお願いごとをする時も、親しい間柄だとわざわざ please をつけないことが多い。

表題の二者択一についていえば、答えは Please have a seat の方が丁寧ということになるが、それは慣用的ないいかたであるからともいえる。韻律や慣用性がかかわっているので、please を前につけるか後につけるか、ということに関していえば、必ずしも二者択一にならないこともあるのである。

1.16

こちらもチェック→ 5.17

I need to wash my shirt と
My shirt needs washing

「シャツを洗わなきゃ」というときはどっち？

　太郎はアメリカ人のメアリーと結婚して2年になる。いわゆる国際結婚。家庭での会話は、日本語だったり、英語だったり、ごちゃ混ぜだったり、いろいろだ。2人とも相手の母語はちょっと苦手。それで夫婦関係が成り立つのかと思いきや、意外と愛は通じるものだと、2人は思っていた。

　お互いの言語を学びあおうという意欲は2人とも満々だ。外国語学習のよきパートナーでもあるというこの夫婦の関係を、2人は気に入っていた。そんな2人なので、家事もパートナーとしてできるだけ平等に分担することにしていた。

　ある日のこと、仕事で汗まみれになったシャツを太郎は洗わなきゃ、と思って、洗濯機のそばにそのシャツを出しておいた。たまたまメアリーがそこにいたので、

(1) My shirt needs washing.

といってみた。おなじみの英語の表現は、I とか you とかを主語にするものばかりで芸がない。でも、たしか、「無生物主語」という構文もあったっけ。I を主語にしないで、ものを主語にして need 〜ing といういいかたができたはずだ。たまに違った表現を使えば、メアリーにもいいところを見せられるかも…と考えたのだ。

　ところが、夫婦としてのパートナーであり、言語学習のパートナーでもあるメアリーが、このいいかたにムッとした顔で、しかし冷静を装って語りはじめた。ちょっとしたレッスンである。

「タロウ、そのいいかた、ちょっとムカツクよ」
「えっ、なんで？？？　シャツが洗う必要があるっていってるんだから客観的ないいかたでしょ？　何が悪いの？」

「それね、なんか嫌な感じで、ワタシに洗っておいてね、っていってるような感じなの。間接的な押しつけみたいに」

メアリーの説明はどうやらこういうことだ。自分で洗うということなら、

(2)　I need to wash my shirt.

と、ちゃんと I(「私が」)というのが普通だし、そういうべきである。それをいわないということは、暗に、相手に対して洗っておいてよ、ということを意味することがあるというのだ。しかも本来なら「誰が」というべきところをいわない分だけ逆にちょっとイヤらしい感じで、押しつけているような感じがするいいかたとのことである。

日本語に比べると、英語ではたしかに I とか you とかを主語にして、行為の主体をはっきりさせることが多いし、それが普通だと考えられている。日本語では、何となくある事態になったといういいかたや、人がそこにはいないようないいかたをしたりすることを好む。「月が輝いていた」という表現も、英語なら

(3)　I saw the moon shining.

といういいかたの方を好むかもしれない。英語では誰がその月を見ていたかをはっきりさせる方が自然なのだ。

太郎は、日頃から、英語のいちいち「誰が」、「誰に」といわねばならない習慣にくたびれていたので、今回のシャツの一件も、なるほどそうか、と合点。英語は好きだが、なんとなくにしておける日本語は楽だな〜、と思ったのだった。

1.17

こちらもチェック→ 5.18 3.11

Can I fan you? と
Can I send wind?

扇子であおいであげようとするときはどっち？

　真夏のうだるような暑さの中、仕事を終えた今日子は英会話学校に向かった。暑くてビアガーデンでも行きたいところだったが、今日のレッスンは大好きなアンドリュー先生だったから暑さをこらえて行った。うっとりするようなイケメン先生、会えるだけでも嬉しい。でも、それだけではない。アンドリュー先生、日本文化にとても興味をもっていて、今日子が習っている日本舞踊に興味をもってくれているのがうれしかった。今日は、今日子は暑いさなかということもあって、日本の誇る伝統工芸品でもある扇子をもってきていた。

　英会話学校の教室。ルンルンの今日子はいつものあいさつをして、レッスンがはじまった。アンドリュー先生、Isn't it hot tonight? とかいってる。そこで今日子は用意してきた扇子を取り出して、ちょっと自慢げに説明し始めた。金魚をあしらった涼風扇子で、見た目も涼しい感じ。Wow! Beautiful! とほめてくれたので、「こうやって開くのよ」と開いて見せた。

　「扇いであげましょうか？」と今日子はいおうとしたが、そこで英語で何といったらいいかとハタと考え込んでしまった。うーん「風を送る」っていえばいいのかな、と思い、

　　(1)　Can I send wind?

といってみた。すると、一瞬の沈黙の後、アンドリュー先生は大笑い。今日子は何が何だかわからず、きょとんとしていた。

　ここでアンドリュー先生のレッスン。でもまだ笑いが抑えきれない様子だった。

「あのね、send wind っていうのは、「おならをする」って意味で使うんだ。ちょっとびっくりでしょう。どんな言語でもそうだけど、組み合わせるとぜんぜん違う意味になる表現があるんだ」

「えー、恥ずかしーい！ でもおもしろーい。他にもあるんですか？」

「たくさんあるよ。実はネイティブは慣れちゃってるから意外と意識してないんだけどね。例えば、kick the bucket ってわかるかな？」

「バケツを蹴る？」

「これは『死ぬ』っていう意味」

「ふーん、日本語にもそういうことあるのかな。英語だけがヘンなんじゃないの？」

「そんなことはないよ、日本語だって、『顔を立てる』とか、『骨を折る』とかいろいろあるでしょう？」

「ほんとだ。じゃあ、扇ぎましょうか？ってなんていえばいいの？」

「そうだね、

(2)　Can I fan you?

とかかな」

「fan って動詞で使うのね」

その後のアンドリュー先生の話。こういうイディオムは一般的なものもあるし、いわゆるスラングもある。注意しなければならないのは、スラングというのは、覚えるとどうしても使ってみたくなるけど、注意が必要だということ。時と場合と相手によっては失礼になったり、場違いな表現になったりすることがある。なかなか難しい。もっとも、今日子の場合は笑い話になるが。

1.18

I don't like ... と
I ah don't like ...

丁寧な断り方はどっち？

　次郎は今日、国際交流サークルのポトラックパーティに来ていた。皆何か一品持ち寄るパーティだ。このサークルでは季節ごとに開く恒例行事で、次郎は企画者側だが、自分も楽しみにしていた。いろんな国の留学生たちが、それぞれの国でポピュラーな料理をもってくるからだ。

　しかし、次郎には心配もあった。どうしても苦手なものがあったからだ。羊の肉である。どうもあの香りというか臭いがダメなのである。でも、ラム肉を食べる国は多いので必ず誰かがもってくる。心配だ。

　さて、パーティの始まり。次郎は一通り料理を見回した。あるある、あれはケバブというやつだ。羊だって臭いですぐわかる。次郎は遠巻きにいたが、顔見知りのトルコからの留学生アッバスと会話を始めることになり、予想通り、「ケバブ食べた？　おいしいんだよ。ぜひ食べて」といってきた。

　次郎は、（食べ物くらいで、と思いつつ動揺してしまい）

　（1）　I don't like mutton.

といい放った。アッバスはちょっと意外な様子で、ちょっと寂しそうに「あ、そうなんだ」と返したが、それを見ていたイギリス人のジョンが、会話に入ってきた。ジョンも次郎の英語のレッスン相手なのだ。

　「うーん、次郎が羊が嫌いなのはわかったし、それはしかたのないことで、それを好きじゃないというのは基本的に間違ってないけど、もうちょっと丁寧な感じでいった方がいいよ。ほら日本語に『角が立つ』といういいかたがあるでしょ。次郎のいい方はそんな感じに聞こえちゃうよ」

次郎は、思わずいい放ってしまったことはわかっていたので、

「たしかにそうかもしれないけど、じゃあ、どういえばいいの？」と話を向けた。

ジョンはこう説明する。

「ちょっとためらった感じでいうことだね。英米人はみんなストレートにズケズケと何でもいっているようなイメージを日本人の多くがもってるけどね、そうでもないんだ。基本的にはこれは**連帯のタテマエ**が関わっているんだ。**連帯のタテマエ**はお互いがお互いを好きだと思っているというタテマエなので、相手、および相手のもの、相手が提供するものを好きじゃないというのは、そのタテマエに反することになるよね。だからそういう時は日本語でもたぶんそうするように「ためらい」を表す表現とか「ぼやかし」表現を割り込ませるといいよ。

(2)　I **ah** don't like lamb.

とかね。ズケズケいわないということでは、相手の領域に気を使うという意味で**独立のタテマエ**にも関係するね。

他には、ただ No! と否定するのも**連帯のタテマエ**に反するから

(3)　**Well**, no.

とかいって no ということにためらいを示してみたり、ぼかし表現の kind of を使って、

(4)　I **kind of** think we have the same problem …

のように否定的なことをいったりするんだ」

ぼかし表現によって断言を避け、相手に配慮を示すということばづかいは、まさに日本語の得意とするところだ。いいにくいことをいうときは、英語でも同様の配慮の気持ちを忘れてはいけないのだと、次郎は思った。

1.19

I don't believe you と
I don't believe that

相手のいってることが信じられないときはどっち？

　太郎は、英語の代名詞をなかなか使いこなせず困っていた。日本語にも代名詞らしきものはあるが、英語とはずいぶん違っている。Did Tom …? と聞かれて、すぐに Yes, **he** did とか No, **he** didn't と出てこない。

　それに、単純に見える this と that の区別も日本語の「コレ」や「アレ」と同じでない気がする。そもそも日本語には「ソレ」もあるから、なおやっかいだ。

　一般に、this と that の区別は、それぞれ、近い／遠い、自分のもの／相手のもの、現在のこと／過去のこと、に基づくことが多い。相手のもっているものを指すなら、What is **that**?　だし、自分のものといういいかたなら、What is **this**?　だろう。

　つまり、that ＝ 相手のものなので、that と you はある程度、指すものが重なるわけだ。これがまたやっかいである。

　ある日、太郎は会社で英語で議論していた。太郎の会社では英語が公用語なのだ。太郎は議論相手のジョージがいっている否定的な見解に異議を唱えようと思い、

　（1）　I don't believe **you**.

といってみた。これにはジョージもちょっとムッとした表情をしていたが、さらに議論は続いた。

　議論が一段落したところで、ジョージが太郎に英語のレッスンを始めた。太郎がそうしてくれるように日頃から頼んでいるのだ。

　「まあ、タロウのいってることはわかるけど、I don't believe **you** はちょっときついいいかただよ。人としての you を信じない、というニュ

アンスだからね」

「えっ、そうなの、それは悪かった。そういうつもりはないよ。なんていえばよかったのかな？」

「相手のいっている特定の話題になっていることがらについて、

(2) I don't believe **that**.

といえば、その話題にしている内容について信じられない、という意味合いになるね」

「わー、また that と you か、苦手なんだ、その区別」

「そうだね。でも、やっぱり基本として、you は人間を指してるわけだから、人間そのもののことをいってるんだよね」

「なるほどね、that は、人間というより相手のいってること、つまり相手の領域にあることがらを指してるってわけだね」

「そう。だから、英語にはあいづちのように使う I know という表現があるけど、これは何を知ってるか、ぼかした表現だよね。know の後(目的語)に何もいってないから。それに対して、I know that といういいかたがあるけど、これをあいづちのように連発すると、『それ(相手の領域のことがら＝ that)を知ってるよ』と執拗に繰り返すことになるので、『なんだこのやろー、おれのことそんなに知ってるのかよ！』みたいな反応をされるかもしれない」

こうなると、**独立のタテマエ**違反ということになる。相手の領域に踏み込み過ぎてしまって、相手の独立を脅かすことになってしまうからである。

太郎は、代名詞の使い方も英語の方が複雑なのかなと思った。実際、日本語と英語では代名詞の体系がかなり異なっている。英語を使いこなすには、その違いをきちんと把握する必要があるんだ、と太郎は思った。

1.20

Have we taken our medicine? と Have you taken our medicine?

フレンドリーなのはどっち？

　明日子はアメリカで暮らしているので、当然のことながら日常のさまざまな場面で英語を使っている。時には病気で病院に行かねばならない時もある。病院はどこの国でも苦手だった。なんだか冷たい感じがして恐ろしい。でも、病気でしばらく通院しなければならなかった。

　ある時、病院に行くと、医者に

(1)　Have **we** taken **our** medicine?

といわれて、ちょっと首をひねった。「あれ？ Have weって？ weとかourとか、誰のことだろう？ どうしてそんないいかたをするんだろう？ お医者さんも私と同じ薬を飲むのかな？」と不思議に思い、看護師さんにたずねてみた。すると、看護師さんは「あなたの薬を自分のことのようにいって、フレンドリーに振る舞おうとしているのよ」と教えてくれた。

　明日子はアメリカ生活で、フレンドリーであることは広い意味での「丁寧」なのだということに気づいていたので、そのお医者さんも社交的に、丁寧に振る舞ってくれているのだということを理解した。

(2)　Have **you** taken **your** medicine?

といういいかたは当然あり得るが、そういうと、「私」と「あなた」は対峙する関係になり、フレンドリーとはいえない。冷たい、よそよそしい関係を暗に意味することになる。これは連帯のタテマエが重んじられる英米の社会、とくに明日子のいるアメリカの社会では好まれないことなんだなと思った。

もちろん、状況や場面や対人関係にもよる。アメリカは自由で、みな平等と謳(うた)ってはいるが、地位や場面を意識させるところも多くある。意外に自由でも平等でもフレンドリーでもない面もあるような気がしていた。フォーマルな文書では、you や we が避けられたりもする。

　you にも特定の、つまり話し相手を指す you もあれば、とくに誰かを指しているわけではない you もある。話し相手を指しているわけではない you は、さほど「対立」という意味合いを生み出さないが、それでも「あなた」と「私」が向き合って関わっているという意味では、広い意味で**連帯のタテマエ**に合致する。しかし、同時にそれぞれが**独立**して対峙しているという関係も暗に意味する。

　ドアをノックされると、

　　(3)　Who are you?

ではなく、

　　(4)　Who is it?

と答えるのが一般的だ。つまり、ドアの向こうのまだ見えぬ人とは you と I の関係にいたっていないのである。you と対峙することは対立的にもなりうるし、人と人との基本的な関わりを表してもいる。

　ほんとうは you の問題なのに、自分のことでもあるように we や our を用いるのは基本的にフレンドリーなふるまいである。日本語でも同じように「私たち」ということで、連帯関係にあることを意味することができる。しかし、「私」や「あなた」などを使わずに自分や相手のことをいうことも多い。誰にでも使える you に相当することばは日本語にないし、I に相当する日本語も「私」、「おれ」など相手や場面に応じて使い分ける。一見、単純に見える代名詞にもいろんなコミュニケーションのタテマエが潜んでいる。会話をする時には、こういうことを知っているとより理解が深まる。

さらに学びたい人のために

■ 東照二『丁寧な英語　失礼な英語：英語のポライトネス・ストラテジー』研究社 1994 年

筆者のアメリカでの実体験も交じえながら、言語学におけるポライトネス（丁寧さ）研究とよばれる分野の考えをもとに英語の丁寧さをわかりやすく説明している。いいわけの仕方、断り方、相手との距離の近づけ方、遠慮しながらの頼み方、褒められた時の対応の仕方など、実用的な話も多い。

■ 池上嘉彦『英語の感覚・日本語の感覚："ことばの意味"のしくみ』NHKブックス 2006 年

自然な英語を話すには、英語固有の感覚を身につける必要があるが、同書は、認知言語学という考え方に基づき、英語と日本語のそれぞれ固有の意味と形式の関わり、ことばの用いられ方（語用論）、会話のつながりをわかりやすく説明しながら、「英語らしさ」、「日本語らしさ」とはどのようなものかを論じている。

■ 井上逸兵『伝わるしくみと異文化間コミュニケーション』南雲堂 1999 年

なぜいわないことまで伝わるのか、ことばによる対人的な配慮はどのように示されるのか、異なった言語の話し手同士が、どちらかの言語を共通の言語として用いた場合、どのような誤解が起こるか、なぜ起こるのかなどを論じている。言語学では語用論、ポライトネス研究とよばれる分野の入門書。

■ 井上逸兵『ことばの生態系：コミュニケーションは何でできているか』慶應義塾大学出版会 2005 年

コミュニケーションの資源という観点から、ことばの「形」がどのような役割をはたしてコミュニケーションが成り立っているかを論じている。動物のコミュニケーションから若者ことばや電子コミュニケーションまでを扱うことで、ことばとコミュニケーションの本質は何かを論じている。

■ 数佐尚美『英語の敬語』中経出版 2005 年

英語の丁寧表現がどのようなものかを、具体例を挙げながら解説している。日本語の敬語とは異なり、英語の丁寧表現は、感謝や謝罪などその場にふさわしい感情や態度を表明することから成り立っていると論ずる。場面に応じた基本フレーズ集でもある。

■ 川村晶彦『日本人英語のカン違い：ネイティブ 100 人の結論』旺文社 2006 年

場面や目的に応じたことばの使い分けは、英語など外国語を用いる時により困難だが、英語の表現の微妙なニュアンスをネイティブ 100 人にアンケートを用いて論じているところがユニーク。ネイティブでも多少の判断のばらつきがあるところも興味深い。

■ 直塚玲子『欧米人が沈黙するとき：異文化間のコミュニケーション』大修館書店 1982 年

いわゆる異文化コミュニケーションの問題を実例を挙げながら論じている。少し古い本だが、いまだに価値があるロングセラー。ことばを用いるその背後にある考え方の違いが、ことばやことばの用い方にどう関わっているかを考えさせてくれる。

■ マーク・ピーターセン『日本人の英語』岩波新書 1988 年

日本人英語学習者必読の書といってよいだろう。a と the の違いなど、微妙な違いを見事に説明している。長きにわたり日本人に教えた経験から、日本人のおかしやすい英語の間違いの勘所を絶妙につかんでいる。

■ 滝浦真人『ポライトネス入門』研究社 2008 年

英米系の言語学におけるポライトネス研究をもとに、日本語のさまざまな事例を論じている。英語についての話は少ないが、本書のタテマエの話につながる話の理論的な基礎と日本語への応用、コミュニケーションの普遍性と思われる原理がわかりやすく述べられている。

■ デイヴィッド・セイン・佐藤淳子『敬語の英語』ジャパンタイムズ 2005年(他、デイヴィッド・セインの一連の著作)

英語の微妙な表現の違いや、日本人がよく使う英語の表現が英語母語話者にはどのようなニュアンスで伝わるかなどを軽妙に解説している。英語母語話者の感覚が実例をもって列挙されているのでわかりやすい。読んでいておもしろいが、英語非母語話者にとっては、そこまで神経質になる必要はないともいえる事例もある。

第 2 章

英語の語順、どっちが正しい?

単語の並ぶ順番を少し変えただけなのに、文の意味が劇的に変わってしまうなんて信じられますか。そこには英文法の秘密が隠されているのです。その秘密をラジオDJの優麻ちゃんが、ブログの中でこっそりと教えてくれます。優麻ちゃんと一緒に、遊び感覚で英文法を楽しんじゃってください。

2.1

John sketched the model nude drunk と
John sketched the model drunk nude

「ジョンは酔って裸のモデルを描いた」の英訳はどっち?

　はじめまして！ DJ優麻です☆　私のブログ「英文法ここだけの話」、本日開設しました。英文法についてのとっておきの話を次々アップしていきます。皆さんからのメッセージもお待ちしています。お楽しみに！

　ところで皆さんはお酒を飲むのは好きですか。優麻はお酒大好き。酒の肴<small>さかな</small>は、お肉です。すいません！　肉食系女子で(^^;)

(1)　Yuma ate the meat drunk.　　　　（優麻は酔って肉を食べた）

お肉といったらやっぱ生ですよね〜って引かないでね(笑)

(2)　Yuma ate the meat raw.　　　　　（優麻は肉を生で食べた）

皆さん、(1)と(2)を合わせて「優麻は酔って肉を生で食べた」っていいたいときに(3)と(4)のどちらの英文をいえばよいでしょうか。

(3)　Yuma ate the meat raw drunk.
(4)　×Yuma ate the meat drunk raw.

正解は(3)。(4)は間違った英語。実はここに学校では教えてくれない隠れたルールがあるの。私のブログを見てくれた人にだけこっそり教えちゃいますね。「優麻は酔って肉を生で食べた」では、酔っているのは優麻で、生なのは肉よね。(3)と(4)でそれらの関係を線で結ぶと、それぞれ(5)と(6)の図のようになるわ。

(5)　**Yuma** ate <u>the meat</u> raw **drunk**.
　　　|_____|_____|_____|
　　　　　　　　|_____|

(6)　×**Yuma** ate <u>the meat</u> **drunk** <u>raw</u>.
　　　|_____|_____|_____|_____|
　　　　　　　　|_____|

実は英語には(7)のような隠れたルールがあるの。

(7) **関係を表わす線は交差してはいけない。**

(5)のように2本の線が交差していない場合は正しい英文になるけど、(6)のように交差してしまうと正しくない英文になるの。

「酔って」で思い出したんだけど、私には木村君という絵を描くのが好きな友達がいるのね。ただ、彼はお酒を飲みながら絵を描くの。

(8) Kimura sketched the model drunk. （木村は酔って絵を描いた）

彼はよく裸のモデルを描くんだけど、「木村は酔っぱらって裸のモデルを描いた」と英語でいいたいとき、次のどちらが正しいと思う？

(9) Kimura sketched the model nude drunk.
(10) Kimura sketched the model drunk nude.

Kimura と drunk、the model と nude を線で結んでみて。(9)では2本の線が交差しないけど(=(11))、(10)では交差してしまうよね(=(12))。

(11) **Kimura** sketched the model nude **drunk**.　　　　(=(9))

(12) **Kimura** sketched the model **drunk** nude.　　　　(=(10))

線が交差するような関係は許されないので((7)を参照)、(9)が正解。

ところで、(10)で Kimura と nude、the model と drunk を線で結べば、(7)に違反せずに線が引けちゃいます。(13)を見てね。

(13) **Kimura** sketched the model drunk **nude**.

しかし、その場合「木村は酔って裸のモデルを描いた」という読みはムリで、「木村は裸で、酔っているモデルを描いた」になってしまうの。優麻的には、裸で絵を描いている木村君を想像するのはかなり厳しいものがあるなぁ。だから木村君、せめて(9)のままでいてくださいね(^^;)

2.2 Do you not eat the cake? と Do not you eat the cake?

こちらもチェック→ 3.15

正しい語順はどっち?

　だんだん春めいてきました。こんにちは、DJ 優麻です。春は新しい生活がスタートする季節。そんなうきうきするシーズンですが、OL の菜々子さんから「どうしたらよいか迷っている」メールが届きました。

> 優麻さん、こんにちは。菜々子です。昨日、付き合ってる彼が地方へ転勤することが決まりました。彼についていくか、遠距離恋愛で我慢するか迷っています。

菜々子さん、難しい決断に迫られているようね。一緒に行くか、離れて暮らすか、英文法にも似たようなお話があるわ。(1)を見てね。

(1)　You {**don't** / **do not**} eat the cake.

助動詞(do)と not は don't のような「同居」(文法用語では**縮約**)も、do not のような「別居」もどちらも可能なの。で、(1)を疑問文にする場合には、(2)のように一緒に引っ越して「同居」しても、(3)のように助動詞が not から離れて「単身赴任」してもいいの。

(2)　**Don't** you eat the cake?
(3)　**Do** you **not** eat the cake?

ただし、絶対 NG なのは一緒に引っ越したのに「別居」するケース (-_-#)

(4)　×**Do not** you eat the cake?

それから、命令文の場合は「別居」と「同居」、両方 OK。

(5)　**Do not** eat the cake!　　　　　　　　　((4)を参照)
(6)　**Don't** eat the cake!　　　　　　　　　((2)を参照)

ただ、疑問文と違うのは、(7)のような「単身赴任」ができないこと。

(7) ˣ**Do** you **not** eat the cake! （(3)を参照)

それから、もう1つ、とっておきなのを教えちゃうわね。

(8) If you **had** eaten the cake, you would have grown very fat.

(8)は**仮定法**で「(実際には)そのケーキを食べなかったから太らなかった」という意味。で、(8)のifは省略することができて、その場合には(9)のように助動詞(had)を主語(you)の前に移動させるの。

(9) **Had** you eaten the cake, you would have grown very fat.

ここで(10)のような否定文バージョンを考えてみましょう。

(10) If you {**hadn't** / **had not**} eaten the cake, you would not have grown very fat.

　　　　（そのケーキを食べなかったらそんなに太らなかったのに）

(10)ではhadn'tのような「同居」もhad notのような「別居」もOKなの。ところが(10)のifを省略する場合、(11)のように助動詞とnotを一緒に移動することは(「同居」「別居」にかかわらず)できなくて、(12)のような「単身赴任」しか許されないの。ちょっと残酷よね。

(11) {ˣ**Hadn't** / ˣ**Had not**} you eaten the cake, ...
(12) **Had** you **not** eaten the cake, ...

これまでのお話を整理すると、(13)の表のようになるわ。

(13)

	同居(助動詞+n't)	単身赴任(助動詞…not)
疑問文	OK　(2)	OK　(3)
命令文	OK　(6)	×　(7)
仮定法	×　(11)	OK　(12)

　英語にもいろんなケースがあるものね。菜々子さんはどのパターンになるのかしら？ でも、メールの文面から見て、もう結論は出てるんじゃないかな。「我慢しない方」、きっと選ぶよね。がんばれ、恋愛！

2.3

Mary had cut her hair と Mary had her hair cut

髪を切ってもらったのはどっち？

　こんにちは。昨日、美容院に行って髪を切ってきた DJ 優麻です。実はおととい、鏡を見ながら前髪だけ自分で切ったの。最初はうまくいっていたのだけど、だんだん変になっちゃって、最後は芸術的に……（泣）

　で、しかたなく昨日プロの美容師さんに切ってもらったってわけ。英語でいうと、おとといは(1)で昨日は(2)っていうことになるわね。

　(1)　Yuma had **cut** her hair (by herself).
　(2)　Yuma had her hair **cut** (by a hairdresser).

(1)は「優麻は髪を(自分で)**切りました**」という意味なのに対し、(2)は「優麻は髪を(美容師に)**切ってもらいました**」という意味なの。(1)と(2)は cut の位置が違うだけなんだけど、意味が大きく変わってしまうので注意しなくちゃいけないわね。

　実は、(1)と(2)にはもう1つ大きな違いがあるの。このブログの読者の皆さんだけにこっそり教えちゃうわね。まず(1)で髪を切ったのは **Yuma の意志**。つまり、私が自分の髪を切りたいと思ったから髪を切ったの！(すいません、当たり前のことを熱く語ってしまって。) これに対して(2)で髪を切られたのは Yuma の意志による場合だけでなく、**Yuma の意志によらない場合もある**の。どういうことかというと、(2)には「優麻は髪を(自分の意志で)切ってもらいました」という意味の他にも、状況によっては「優麻は髪を(自分の意志ではなく)**切られてしまいました**」という**被害の意味**にもなり得るの。

　ところで、(2)は(3)のようにいいかえることができるのよ。

　(3)　Yuma had a hairdresser **cut** her hair.

ただし、注意しなければならないのは、(3)のようにいいかえてしまうと、「髪を(美容師に)切ってもらいました」という意味でとることはできるけど、「髪を(美容師に)無理やり切られてしまいました」という**被害の意味でとることはできない**の。

ここで(2)と(3)のhadより右側の部分を比べてみて、「あること」に気がついた人がいるかも知れないわね。あることとは、(4)と(5)の関係との類似性。

(4) Her hair was cut (by a hairdresser). ((2)を参照)
(5) A hairdresser cut her hair. ((3)を参照)

(4)は(5)を受け身にした形。(2)と(3)のhadより右側の部分(これを**haveの補文**とよぶことにしましょう)は、(4)と(5)と同じ関係にあるの。この類似性は、(2)のhaveの補文にはwasを消した(4)が、(3)のhaveの補文には(5)が埋め込まれていると考えれば納得がいくでしょ。なお、(4)には被害の意味はないので、(2)の被害の意味は**have構文と受け身文のコラボ**によるものだということになるわね。

被害の意味は、have構文の他に(6)のようなget構文でも出るわ。

(6) John got his car broken (by someone) .
(7) His car was broken (by someone).

(6)のgetの補文(☐で囲んだところ)には、(7)からwasを消したものが埋め込まれているの。(7)は「車を壊された」という事実だけだけど、(6)は、車を壊されたことによって、Johnが被害を受けたという意味になるの。このことから、have構文の場合と同じように、被害の意味は**get構文と受け身文のコラボ**によるものだといえるわね。

2.4

Bill is not taller than John と Bill is no taller than John

John が Bill より背が高いのはどっち？

　こんにちは、DJ優麻です。昨日、人間ドックで身長を測ったら、なんと0.5センチ伸びてました(^^;)って、何歳まで伸び続けるんだろう？

> 優麻さん、こんにちは。中2のひろみです。優麻さんは背が高くてうらやましいです。私は友達と一緒に写真に写るときは、こっそり背伸びをしてしまいます。

「こっそり背伸び」なんてかわいいわね。まだ中2でしょ？　これから伸びるって。それにあまり他人と比べすぎない方がいいと思うよ。「比べる」っていえば、英文法にも**比較**って項目があるわよね。そうだ、今日は比較についてのヒ・ミ・ツ、教えちゃうね。

(1)　John is **as** tall **as** Mary.

(2)　John is tall**er than** Bill.

(3)　Bill is **not** tall**er than** John.

(1)はJohnとMaryの背の高さが同じことを表しているの。算数で習った不等号を使うとJohn ＝ Mary。(2)はJohnの方がBillよりも背が高いことを表しています。不等号を使うとJohn ＞ Bill。(3)はBillがJohnより背が高くないことを表しているわ。不等号を使うとBill ＜ John。ここで終わったら、なぁんだ〜となりますよね。優麻の「英文法ここだけの話」、読んで損はさせません。次の(4)は(3)と似ているけど、意味が違うのよ。

(4)　Bill is **no** tall**er than** John.

(4)の正確な意味は「Bill が John よりも背が高い**ということはない**」なの。(4)をただ単に Bill ＝ John みたいに書いている参考書があるけど、それじゃ(4)のニュアンスはまったく出ないわ。それに(4)の文に秘められたとても大事なことが抜け落ちてしまうの。そもそも(4)の **no は not とは全然違う**わ。比較構文に現れる not と no の働きを下にまとめるわね。

(5) **not**: 不等号の**向きを逆転**させる。
(6) **no**: 不等号を**キャンセル**する。

もう一度(3)を見てね。(3)から not を外すと Bill ＞ John だけど、not が入ることによって**不等号の向きが逆転**し、Bill ＜ John、つまり(2)に変わるの。次に(4)を見てね。(4)から no を外すと Bill ＞ John だけど、no が入ることによって**不等号がキャンセル**されるの。これを記号で表せば、Bill ≯ John。≯は、＝とはニュアンスが違うの。注意してね。≯によって(4)は、Bill は John より背が高いと思っていたけど、実際にはそこまで高くなく同じだったというニュアンスになるの。このような**期待を裏切る**ニュアンスが **no** を使うと出てくるの。一方、＝の場合((1)のような as 〜 as 構文)は、Bill と John の背の高さが**疑う余地なく同じ**だというニュアンスになるの。

さらに、(6)がわかると(7)と(8)の違いもはっきりするわ。

(7) Susan has **no more than** five hundred books.
(8) Nancy has **no less than** five hundred books.

事実としては、Susan も Nancy も本を 500 冊持っていることにかわりはないんだけど、「期待していた冊数が **no** によって**裏切られた**」というニュアンスが出るの。

(7') Susan の蔵書 ≯ 500 冊 → 500 冊より多いということはなかった、つまり 500 冊**しか**持っていない(持っているのは 500 冊)
(8') Nancy の蔵書 ≮ 500 冊 → 500 冊より少ないということはなかった、つまり 500 冊**も**持っている(持っているのは 500 冊)

2.5

They have more friends than enemies と They are more friends than enemies

敵より友達が多いのはどっち？

　こんにちは、DJ 優麻です。桜が咲き始め、入学式・入社式シーズン到来よね。新1年生の皆さん、友達100人できるかな？　優麻が小学校低学年の時、人気者の恵理には友達がたくさんいたな。

(1)　Eri has more friends than Yuma has.

(1)は「恵理は優麻より友達の数が多い」という意味だけど、実は(1)のような**比較構文**は、(2)の一部を省略した文なの。

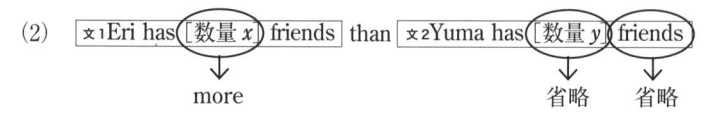

(2)　文1 Eri has ([数量 x]) friends than 文2 Yuma has ([数量 y]) (friends)
　　　　　　　　↓　　　　　　　　　　　　　　　↓　　　　↓
　　　　　　　more　　　　　　　　　　　　　省略　　　省略

(2)の文は、**文1と文2が than によって結ばれた**ものなの。文1の [数量 x] と文2の [数量 y] を比べて $x > y$ の場合には、[数量 x] を more に換えて（$x < y$ の場合には [数量 x] を less に換えて）[数量 y] を省略するのね。さらに文1と文2に**共通**の friends を文2から省略すると(1)になるわ。

　人気者の恵理だから、敵の数より友達の数の方が多かったみたい。英語にすると(3)になるわね。(3)も(4)の一部を省略した文なの。

(3)　Eri has more friends than enemies.
(4)　文1 Eri has [数量 x] friends than 文2 ~~Eri has [数量 y]~~ enemies.

「友達の数」＞「敵の数」、すなわち [数量 x] ＞ [数量 y] なので、(4)の [数量 x] を more に換えて [数量 y] を省略するの。さらに文1と文2に**共通**の Eri has を文2から省略したものが(3)よ。なお、enemies は、文1

と文2に**共通ではない**ので、省略できないの。注意してね。

　今だからいえるけど、小学生の頃、優麻には「かなり」敵がいて、よくケンカしていたなあ。「かなり」というのは(5)くらい……。

(5)　Yuma has more enemies than Eri has friends.
(6)　Yuma has [数量 x] enemies than Eri has ~~[数量 y]~~ friends.

(5)は何と何を比べているかというと、優麻の敵の数(＝(6)の[数量 x])と恵理の友達の数(＝(6)の[数量 y])。で、不等号の向きは $x > y$ って、どんだけ敵多かったの(^^;)　まぁまぁ、(6)に戻って、[数量 x] を more に換えて[数量 y]を省略すると(5)になるわね。

　ここで皆さんが気になるのは、優麻と恵理の関係よね。実は優麻にとって恵理は(7)だったの。(7)の意味、皆さんわかりますか？

(7)　Eri was more an enemy than a friend.

(7)は「恵理は友達というより敵だった」という意味なの。わぁ〜私、イメージ悪くなる(笑)。(7)がなんでそんな意味になるか説明するわね。(7)もある文を省略したものなんだけど、これまでとは大きく違うところがあるの。(7)の元の形(＝(8))には**[数量 x] も [数量 y] もない**のよ。

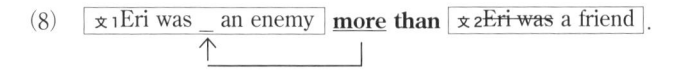

(8)　文1 Eri was ＿ an enemy　**more than**　文2 ~~Eri was~~ a friend.
　　　　　　　↑_____|

(8)では文1と文2が **more than**(記号で表すと＞)によって結ばれているの。つまり(8)は「恵理が敵である」＞「恵理が友達である」という関係を示しているの。そこから「恵理は友達というより敵である」という意味が出てくるのよ。(8)の more は下線の位置(＝他の比較構文で[数量 x] が現れる位置)に移動し、さらに文1と**共通**の Eri was を文2から省略したものが(7)の文。

　あの当時、恵理は私のことどう思っていたのかしら。今頃になって少し気になる優麻でした。

2.6

The police found the stolen ring in the park と
The police found the ring stolen in the park

公園で指輪を見つけたのはどっち？

　こんにちは、DJ優麻です。もう5月、皆さんは新しい環境に慣れましたか？　友達関係で悩む美樹さんからこんなメールが届きました。

> 優麻さん、こんにちは。私は今入っている友達グループから抜けて、別のグループに入りたいのですが、1人で抜け出す勇気がなく、とても悩んでいます。

1人で抜けるって難しいわよね。英文法にも似たような話があるなぁ。

(1) John likes a **kind** woman.
(2) John likes a woman **kind to children**.

まず、(1)では woman を1語(kind)で修飾しているけど、(2)では複数の語(kind to children)で修飾しているよね。(1)のように名詞を1語で修飾する場合には修飾語を前に置き(=(3a))、(2)のように複数の語で修飾する場合には修飾語句を後に置くの(=(3b))。

(3) a. 冠詞　　修飾語1語のみ　　名詞　　　　　　　　(=(1))
　　b. 冠詞　　　　　　　　　　名詞　複数の修飾語句　(=(2))

(3)に従わない形は NG。例えば、1語だけの修飾語が名詞の後ろにきたり(=(4))、複数の修飾語句が名詞の前にくるとダメなの(=(5))。

(4) ×John likes a woman **kind**.
(5) ×John likes a **kind to children** woman.

それから美樹さんのお悩みとも関係しているのだけど、(6)のように「複

数の修飾語句」(kind to children)というグループの中から1語(kind)だけ抜け出して名詞の前に行くことは許されないの。

(6) ×John likes a **kind** woman ⌐ **to children**.

ここまでわかったら、こんどは下の(7)と(8)を比べてみましょう。

(7) The police found the **stolen** ring in the park.
(8) The police found the ring **stolen in the park**.

(7)と(8)ではstolenの位置しか違っていないわよね。でもね、文全体の意味はまったく異なっているの。(7)は**stolenが前からringを修飾**して「その警官は**盗まれた指輪を公園で見つけた**」、(8)は**stolen in the parkが後からringを修飾**して「その警官は、**公園で盗まれた指輪を見つけた**」の意味なの。つまり、「その公園」は(7)では発見場所、(8)では盗難場所の解釈にしかならないのよ。では、逆に(7)に盗難場所、(8)に発見場所の解釈ができないのはなぜだと思う？ それは、(7)と(8)をそれぞれ(7')と(8')のように捉えることができないからなの。

(7') ×The police found the **stolen** ring ⌐ **in the park**.

(8') ×The police found [the ring **stolen**] in the park.

(7)を(7')のようにstolen in the parkからstolenだけを抜き出して名詞の前に置いた形と考えることは、(6)と同じでできないの。また、(8)を(8')のように、stolenが単独で後ろから前の名詞(ring)を修飾していると考えることは、(4)と同じでダメなの。

美樹さん、ご覧のように英語も単独でグループから抜け出すことは残念ながらできません。でも英語には、1人ぼっちの子を冠詞と名詞の間に入れて「仲間」にするやさしさはあるようですよ((3a)を参照)。

2.7

こちらもチェック→ 2.6

visible stars と stars visible

ロマンチックなのはどっち？

こんにちは。星空を見ながら家に帰るのが好きな DJ 優麻です。今回も皆さんからいただいたメールを御紹介しますね。

> 優麻さん、こんにちは。美穂といいます。来週カレシの誕生日があります。彼にプレゼントを用意したのですが、当日は彼とは会えません。優麻さんだったらプレゼントを誕生日**前**に渡しますか、それとも**後**に渡しますか？ くだらない質問ですいません。

くだらなくないですよ。**前か後かで意味が変わってしまうこと**はよくありますからね。英語にもそういうことありますよ。

(1) a. the **visible** stars
  b. the stars **visible**

(1a)と(1b)では同じ単語が使われているけど、全体的な意味はそれぞれ違うの。(1a)は「**いつも**見える星」という意味で、(1b)は「(あるとき)**たまたま**見える星」。はるか昔、優麻がある人と星を見に行った時、普段見えないはずの星が偶然見えたの。まさに the stars visible。とってもロマンチックな夜だったなぁ(遠い目)。そ、それはいいとして(^^;)、英語では形容詞のポジションと意味がリンクしているの。

(2) a. 冠詞 **A** 名詞   (= (1a))
  b. 冠詞   名詞 **B**   (= (1b))

以前ブログで書いたように(p.56 を参照)、英語の形容詞が 1 語で名詞を修飾する場合には、普通(2a)の A のポジションをとるのね。ところが

例外があって、形容詞のなかには1語でも名詞の後、つまり(2b)のBに置かれるものもあるの。そのなかの1つが(1)で挙げた visible という形容詞。ここで大事なことは、ポジションによって意味が異なるってこと。(2a)のA位置にきた形容詞には**恒常的な意味**が与えられるのに対して、(2b)のB位置にきた形容詞には**一時的な意味**が与えられるの。他にも次のような例があるわ。(4a)と(5a)の形容詞は恒常的な意味に、(4b)と(5b)の形容詞は一時的な意味になるの。

(4) a. the **present** members 　　　　　　　　（**レギュラー**会員）
　　 b. the members **present** 　　　　　　　（**今現在**出席している人たち）
(5) a. the **navigable** rivers 　　　　　　　　（**いつも**航行が可能な川）
　　 b. the rivers **navigable** 　　　　　　　（**一時的に**航行が可能な川）

ここで、「誰か背の高い人」を英訳してみましょう。「誰か」は someone で「背が高い」は tall。tall は恒常的だから、(6a)になるはずよね。

(6) a. ˣ**tall** someone
　　 b. someone **tall**

ところが、正解は(6b)なの。なぜだと思う？ それは **tall の置ける位置がそこしかなかったから**、が答え。someone は1単語だけど、実は、**冠詞のようなもの（= some）と名詞（= one）が融合してできた単語**なの。(2a)にもあるように、形容詞は冠詞と名詞の間に入らなければいけません。ところが someone は1語に融合しているので、some と one の間に割って入ることができないの。だから tall は(2b)の位置（つまり(6b)の位置）にしか置けなかったというわけ。

英語の形容詞の位置は、**前が恒常的で後が一時的**だったわよね。プレゼントも誕生日前にあげてみてはどうかしら。もし彼への気持ちが一時的なものではなく、ずっと変わらない恒常的なものであるのなら。

2.8

John believes that he is the best と John believes him to be the best

「自分が一番！」と思っているのはどっち？

こんにちは、DJ優麻です。もうすぐ夏休みも終わりですね。昨日の私のラジオ番組では、杏里さんの「SUMMER CANDLES」を流しました。♪近すぎて見えない奇蹟があるね〜♪　この曲を聴くと大学時代のカレのことを思い出します。クラスメート。今思えば好きだった。でもあまりにも身近にいたせいで、当時の私には彼のことが好きだと気付けなかった……。英文法にもこれと似たような話があるの。

(1)　John loves him.
(2)　John believes that Mary loves him.

(1)も(2)も文法的には正しい文です。これから注目していくのは代名詞の解釈。つまり、(1)と(2)のhimが誰のことを指せるかということ。(1)のhimはJohnを指すことができません(ただしJohn以外の人なら指すことができます)。一方、(2)のhimはJohnのことを指すことができます(し、John以外の人を指すこともできます)。このような解釈ができるのは、英語に(3)のようなルールがあるからなの。

(3)　**代名詞は、それと同じ文の中にある主語は指せない。**

(3)は、♪近すぎて指せない名詞があるね〜♪　ということです。まさしくSUMMER CANDLES (^^)

ここで(1)をもう一度見てみましょう。代名詞himは主語Johnと同じ文の中にあります。(3)より、(1)のhimはJohnが**近すぎて指せません**。次に(2)を見てみましょう。実は、(2)には文が2つ含まれています。具

体的には、(4)のように 文1 に [文2] が埋め込まれています。

(4)　文1John believes that [文2Mary loves him].

him は文2の中にあるので、文1の主語(John)を指すことは、(3)のルールに違反しないので可能なの。では今度は次のペアを考えてみましょう。

(5)　John believes that he is the best.
(6)　John believes him to be the best.

まず(5)の構造は、(4)の構造とほとんど同じ。つまり(5)の代名詞 he にとって、John は**同じ文の中にある主語ではありません**。だから、(5)の he は John を指すことができるの。つまり(5)は「ジョンは自分が一番であると思っている」という解釈が可能。今度は(6)を考えてみましょう。動詞 believe にとって、主語は John で目的語は him。だから、John と him は**同じ文の中にある**ことになるよね。よって(3)より、him は John が**近すぎて指せません**。つまり(6)では「ジョンは自分が一番であると思っている」という解釈は不可能なの。

最後に(7)で、ジョンのパパが決して愛せない人がいますが、それが誰だかわかりますか？

(7)　John's father loves him.

(7)の文の主語は John's father ですね。だから、(3)より him は John's father が**近すぎて指せません**。つまり、ジョンのパパが決して愛せない人とはパパ自身だったのです。ところで、John('s)は(John's father という主語の一部であっても)(7)の**文の主語そのものではありません**。だから、(3)のルールに違反せずに、him は John を指すことができるの。つまり、ジョンのパパは息子のジョンを愛することができるってこと。

皆さんにも、近すぎて好きだと気づかない人がいるはずよ。

2.9

こちらもチェック→ 3.17 1.1

John must be married と
John must get married

結婚している可能性が高いのはどっち？

　こんにちは、DJ優麻です。学生のみなさんは長い夏休みですね。私は夏休み中にはバイトばかりしていました。うちの高校、バイトは禁止ではないんだけど、2つ以上はダメという変な校則がありました。英文法にも2つ以上ダメっていうものがあるよね。例えば助動詞。willやcanなどの助動詞は2つ以上同時に使ってはいけませんってね。だから(1)は正しくない英語なの。でもどうしても助動詞を2つ使いたいときには、(2)のようにcanの代わりにbe able toを使えばいいの。

(1) You **will can** do it.　　　　　（←標準英語では正しくない）
(2) You **will be** able to do it.

学校ではそのように習ったはず。でもそれは標準英語の話。例えばスコットランド英語では、(1)の他にも次の(3)や(4)も正しい英語なの。

(3) You **should can** do it.　　　　（←標準英語では正しくない）
(4) You **must can** do it.　　　　　（←標準英語では正しくない）

方言だからって軽く見ないでね。方言から標準英語の文法が見えてくる場合もあるのだから。実は今回がそうなの。スコットランドの英語で助動詞が2つ並んでいる時には、**最初にくる助動詞の意味のタイプが決まっている**の。それはどういうことかって？ それにはまず、助動詞における2種類の意味のタイプについて確認しておく必要があるわ。

　例えばwill。willには、「〜だろう」っていう**推量**の意味の他にも「どうしても〜する」っていう**意志**の意味もある。このように、助動詞には2種類の意味のタイプがあるの。(5)にまとめておくね。

(5)

助動詞	話し手の判断	本来的な意味
will	推量(〜だろう)	意志(どうしても〜する)
should	推量(〜のはず)	義務(〜すべき)
must	必然性(〜に違いない)	義務(〜しなければならない)
can	可能性(〜がありうる)	可能(〜できる)

2種類の意味のタイプとは、**話し手の判断と、(話し手の判断に左右されない)本来的な意味**のこと。例えば must は、(6)のように「ジョンは結婚している**に違いない**」という**話し手の判断**を表す場合と、(7)のように「ジョンは結婚**しなければならない**」という**本来的な意味**を表す場合があるの。

(6) John **must** be married.　　　(話し手の判断:「〜に違いない」)
(7) John **must** get married.

　　　　　　　　　　(本来的な意味:「〜しなければならない」)

be married は「結婚している」という状態を表すから「〜に違いない」という意味と合うの。で、get married の方は「結婚する」という動作を表すから「〜しなければならない」という意味と合うのよ。

ここで、スコットランド英語で助動詞が2つ並ぶ時のルールを教えましょうね。そのルールとは(8)なの。

(8) 助動詞が2つ並んでいる場合には、**最初**の助動詞は必ず**話し手の判断**を表し**本来的な意味**にはならない。

例えば(3)の should は必ず「〜のはず」の意味になり、「〜すべき」にはなりません。同様に(4)の must も必ず「〜に違いない」の意味になり、「〜しなければならない」の意味にはなりません。実は(8)のルールは、そのまま標準英語にも適用できるルールになるの。例えば、上で挙げた(2)には will と be able to の2つの助動詞が現れているけど、will は話し手の判断「〜だろう」の意味になり、本来的な意味「どうしても〜する」の意味にはならないの。

2.10

He left early so that he could have some time with his son と
He had to work late so that he couldn't have any time with his son

子どもと遊べたかもしれないのはどっち？

こんにちは、DJ優麻です。いよいよ就活シーズンですね。今日の「英文法ここだけの話」、就活についてのメールからご紹介します。

優麻さん、こんにちは。謙といいます。実は、就活で悩んでます。仕事をすればお金は稼げますが、お金を稼ぐことは**目的**でしょうか、**結果**でしょうか。友人は、お金を稼ぐことは**目的**で、そのために仕事をしているといいます。でも僕は、好きな仕事をしてその**結果**お金が稼げればいいと考えてます。僕の考えは甘いですか。

目的と結果って意識をどこにおくかで変わってきちゃうのよね。仕事とお金のどちらに重要性を見出すか、難しいところだわ。その答えを出す前に、英文法の世界にある**目的と結果の話**をしましょう。

(1) John is working hard <u>to buy a present for his girlfriend</u>.
(2) Mary opened the door <u>to see that the ground was covered with snow</u>.

(1)の(to)不定詞は「プレゼントを買うために」という**目的**を表しているのに対して、(2)の不定詞は「(ドアを開けて)見ると外は一面の銀世界」という**結果**を表しているの。(1)と(2)の不定詞は、それぞれ目的と結果という異なる意味をもつけれど、外見上は同じ。目的と結果が外見上同じなのは不定詞の場合だけではないのよ。

(3) He left early <u>so that he could have some time with his son</u>.
(4) He had to work late <u>so that he couldn't have any time with his son</u>.

64

(3)のso that節は「息子と過ごすために」という**目的**を表しているのに対して、(4)のso that節は「息子と過ごせなかった」という**結果**を表しているの。so that節の場合も目的と結果という異なる意味をもっているけど、外見上は区別できないわ。(1)と(2)の不定詞や(3)と(4)のso that節の場合には、**目的と結果の意味の区別が外見上は現れない**ということを頭に置いて英文を読んでいかなければいけないの。

　これまでは目的の意味にしかとれない例((1)と(3))や結果の意味にしかとれない例((2)と(4))を見てきたよね。実は、**目的にも結果にもとれる例(＝(5))**があるのよ。

(5)　We've come early <u>so that the meeting can begin promptly</u>.

(5)のso that節には「会議が時間通りに始められるように」という**目的**の意味にも「(早く来たので、その結果)会議が時間通りに始められる」という**結果**の意味にもとれるの。ということは、英文中に(5)が出てきた場合には(5)の前後をよく読まなければならないってことね。

　ところで、(5)のso that節は(6)のように文頭に動かせるの。

(6)　<u>So that the meeting can begin promptly</u>, we've come early.

おもしろいことに、(6)のようにするとso that節は**目的の意味にしかとれなくなってしまうの。これは目的を表す不定詞やso that節は文頭に動かせるのに対して、結果を表す不定詞やso that節は文頭に動かせないという性質があるから**なの(例えば(1)と(3)の下線部は文頭に動かせますが、(2)と(4)の下線部は文頭に動かせません)。だから、文頭に動かされた(6)のso that節は、目的を表すso that節ということになるの。

　就活中の謙くん。英文法でもそうであるように、目的と結果は微妙な関係にあるの。I worked hard to earn moneyという英文に、謙くんならどんな日本語訳をつけるかな。その日本語訳が今のあなたの心の中を映し出しているかもしれませんよ。就活がんばって！

2.11

こちらもチェック→ 3.14

John kissed Mary's cheek と
John kissed Mary on the cheek

愛情を込めて頬にキスしたのはどっち？

　毎日寒いですね。ここのところ雨も降らず、乾燥肌の DJ 優麻です。私の部屋の観葉植物も飼い主(?)に似て乾燥してます。霧吹きしなくちゃね。霧吹きといえば、次のような面白い英文のペアがあります。

(1) a.　Mary sprayed water on the plants.
　　b.　Mary sprayed the plants with water.

(1a)と(1b)はどちらも「植物に水を霧吹きでやった」という意味だけど、(1a)と(1b)では**霧吹きの範囲**に差があるの。(1a)は**一部の植物だけ**に水がかかった状況でもいえるけど、(1b)は**植物全体**に水がかかった状況でないといえないの。次のもこれと似たようなペアよ。

(2) a.　John loaded hay onto the wagon.
　　b.　John loaded the wagon with hay.

(2a)と(2b)はどちらも、「ワゴンに干し草を積んだ」という意味だけど、**積荷の程度**に差があるの。(2a)はワゴンに**干し草が少量**でも積まれていればいえるけど、(2b)はワゴンが**干し草で一杯**の状態でないといえないの。どうしてこのような違いが出るのかって？　実はそれは、英語のもつ(3)のような特徴からきているの。

(3) **目的語は、動詞の影響をものすごく受ける。**

(1a)では water が、(1b)では the plants が動詞 spray の目的語の位置にきてるよね。(3)に書いたように目的語は動詞の影響をものすごく受けるので、(1a)では water が、(1b)では the plants が動詞 spray の影響をものす

ごく受けることになるの。とくに(1b)のように the plants が動詞 spray の目的語の場合には、**植物全体が spray の影響を受ける**、つまり「**植物全体に水がかかる**」という解釈になるの。次に (2a) と (2b) の例だけど、これらも同様よ。(2a) では hay が、(2b) では the wagon が、動詞 load の影響をものすごく受けるの。だから(2b)は、(1b)の場合と同じように、**wagon 全体が load の影響を受ける**、つまり「ワゴンが**干し草で一杯**」という解釈になるの。

ところで、(3)の英語の特徴は別の構文でも見られるの。

(4) a. John kissed Mary's **cheek** .
　　b. John kissed Mary on the cheek.

(4a)と(4b)はどちらも、「John は Mary の頬にキスした」という意味。ところが、John の Mary に対する**愛情の深さ**はまったく違うのよ。英語の表現の違いが愛情の深さの違いになってしまうとは、英文法をナメたらいけないわよね。それはさておき、(4a)と(4b)の kiss の 目的語 に注目してみましょう。(4a)では「Mary の頬」つまり**頬**が、(4b)では **Mary 自身**が動詞 kiss の影響をものすごく受けるということになるの。だから(4a)では**頬だけが kiss の影響を受ける**ことになるので、「John は**単に儀礼的に**頬にチュとした」という解釈になるわ。これに対して(4b)では、**Mary 全体が kiss の影響を受ける**ことになるので、「John は**愛情から** Mary にチューした(ちなみにその場所は頬だけど、そんなことはたいして重要ではない)」という解釈になるの。

乾燥肌の優麻ですが、皆さんの温かい応援で心はいつも潤っています。私のワゴンには干し草ではなく、皆さんの夢を乗せて走っていきたいな。

2.12

こちらもチェック→ 4.19

John didn't kiss Mary because he loves her と John didn't kiss Mary, because he loves her

「キスしなかった」と断言できるのはどっち？

皆さんこんにちは、DJ優麻です。もうすぐクリスマスですね。下の美穂さんのメールにもあるように、パーティーが多い時期よね。

> 優麻さん、こんにちは。唐突ですが、昨日コンパで男子から突然キスされました。その人は「深い意味はない」と笑っていいました。でも、私は好きな人以外とはキスしたくありません。男子はこんな女子って引いちゃうものですか？

いるよねぇ、こういう男子。こんな人(ヤツ)はほっといて、美穂さんは自分の信念を貫けばいいのよ。美穂さんのような人が好きな男子は、たくさんいると思うわよ。今日はキス絡みでこんな英文を挙げてみるね。

(1) John didn't kiss Mary because he loves her.

実は(1)には2通りの解釈があるの。1つは「ジョンはメアリーを愛しているからこそ、キスしなかった」という青春ドラマにあるような**純愛の読み**。もう1つは「ジョンはメアリーにキスしたのだけど、それは愛してるからではない」という美穂さんのお友達のような**不純な動機の読み**。この解釈の違いは、**not のかかり方の違いからくるの**。

(2) John did **not**　kiss Mary　　because he loves her.
　　　　　　　　　　純愛の読み ▲
　　　　　　　　　　　　　　　不純な動機の読み

not を kiss Mary にかけて読むと純愛の読みになり、not を because he loves her にかけて読むと不純の読みになるの。でね、この曖昧性は取り除くことができるの。正確にいうと、**不純の読みの方だけをなくしちゃう方法があるの**。ここのブログの読者にだけ教えてあげるわね。

(3) 曖昧性(つまり不純の読み)をなくす３つの方法
　① 離す　　② 動かす　　③ 邪魔をする

簡単にいうと、**not が because 節にかからない状態をつくればよい**ということなの。まず、①の**離す**方法から。これは、Mary と because の間にポーズ(休止)を置くだけ。ポーズをカンマで表せば(4)になるわ。

(4) John didn't kiss Mary, because he loves her.

not って、ポーズを飛び越えて because 節にかかることはできないの。
　次に②の**動かす**方法。because 節を物理的に動かしてしまいましょう。

(5) <u>Because he loves her</u>, John did **not** kiss Mary ＿＿.
(6) **It is** <u>because he loves her</u> **that** John did **not** kiss Mary ＿＿.

not はそれより**右**側に現れる語句にかかるの。イメージ的には $\overrightarrow{\text{not}}$ 。だから(5)や(6)のように not の**左**側にある because 節にはかかることができません。だから、「不純の読み」はできないの。

最後に③の**邪魔をする**方法。not と because 節の間に not と強く結びつく語句(例えば bother to)を置きます。(7)と(8)を見てね。

(7) John did **not bother to** call Mary.
　　　　　　　　　　　　　　(わざわざ電話することはしなかった)
(8) ×John bothered to call Mary.

not は bother to（わざわざ～する）と強く結び付けられているので、not の後に bother to がくると、直近の bother to に邪魔されて not は直接的には call Mary にかかることはできないの。ましてや、さらに離れたところにある because 節に not がかかるなんて絶対無理。

(9) John did **not bother to** call her because he believes her.
　　　(ジョンはメアリーを信じているからわざわざ電話しなかった)

美穂さん、(3)の方法って苦手な人と関わらないためのヒントにもなるかもしれないわ。信念を曲げず、あなたらしく生きてくださいね。

2.13

Otohime told Taro not to open the box と Otohime did not tell Taro to open the box

正しい浦島太郎伝説はどっち？

　こんにちは、DJ優麻です。私のラジオ番組、ネットを使って海外でも聴かれているみたいなの。フランスからこんなメールが届きました。

> 優麻さん、こんにちは、靖子です。先日10年ぶりに一時帰国して電車に乗ろうとした時、駅の改札の変わりように驚きました。みんなカードを使ったり、携帯を使ったりして改札を通って行きました。まるで浦島太郎になったような気分でした。

浦島太郎かぁ。乙姫に(1a)のようにいわれたのに玉手箱を開けちゃったあの話ね。でも(1b)ならストーリーは違っていたでしょうね。

(1) a.　Otohime told Taro [**not** to open the box].
　　b.　Otohime did **not** tell Taro [to open the box].

(1a)は「乙姫は太郎にその箱を開けてはいけないといった」の意味。だから太郎はその箱を開けてはいけなかった。一方(1b)は「乙姫は太郎にその箱を開けてとはいわなかった」の意味です。つまり、開けてはいけないといわれなかったということなの。このように、**notの位置の違いによって文全体の意味が異なることがある**の。でもいつもそうだとは限らないわ。(2a, b)を比べてみましょう。

(2) a.　Otohime wanted Taro [**not** to open the box].
　　b.　Otohime did **not** want Taro [to open the box].

(2a)と(2b)ではnotの位置は違うけど、文の意味は同じなの。ともに「乙姫は太郎にその箱を開けて欲しくはなかった」の意味。

「えっ、何が起こってるの？」と思われるかもしれませんね。ここで、英文法のヒミツ、教えちゃうね。上の英文に関わっているのは **not のジャンピング**(専門的には**否定辞繰り上げ**)というルール。まず(2a)から見てみましょう。(2a)では［　］内(専門的には**補文内**)にある not が主節にジャンプできるの。ジャンプした結果が(2b)。このようにジャンプが成功すると、文の意味は同じ((2a) = (2b))になります。ところが、not にはジャンプができない場合があるの。それが(1a)。not は発話を表す動詞(tell, say, speak)などを飛び越えることができないの。だから、(1b)の主節に現れている not は［　］内からジャンプした not ではなく、**もともと主節にあった別の not** っていうわけ。このような場合、(1a)と(1b)のように異なった意味になってしまうの。

ここで、not のジャンプが本当に起こっているか見てみようね。

(3) John tells [that Mary will **not** leave **until** 8 a.m.]
(4) John wants Mary [**not** to leave **until** 8 a.m.]

(3)と(4)の下線部はどちらも「8時まで出発しない」という意味。普通は **until を含む［　］内には not が必要**なの。だから、until を含む［　］内に not がない(5)のような場合には、非文法的となってしまうの。

(5) ×John does **not** tell [that Mary will leave **until** 8 a.m.]

ところが、(6)は［　］内に not が「ない」にもかかわらず文法的なのね。

(6) John does **not** want Mary [to leave **until** 8 a.m.]

(5)と(6)の文法性の違いは、(5)の not は**今も昔も［　］内にない**(つまりずっと(5)の形のまま)のに対して、(6)の not は**以前は［　］内にあった**(つまり(4)の形)と考えれば説明できるの。これが not のジャンプが起こっていた証拠。

変わりゆく世の中で、今も昔も変わらない人との触れ合いが優麻の宝物。皆さんの「心の玉手箱」には何がしまってありますか？

2.14

Who bought what? と
What did who buy?

「誰が何を買ったの」の英訳はどっち？

　皆さんお元気ですか？ DJ優麻です。私のブログ「英文法ここだけの話」に今日もたくさんの人からメッセージが届きました。今日はペンネーム「タツノオシゴト」さんからのメッセージをご紹介しますね。

> はじめまして、優麻さん。今日は1つお聞きしたいことがあります。日本語ではフツーに「何を誰が買ったの？」って聞けますよね？ だからネイティブに(1)といったら、(2)のようにソッコー直されました。それって、何でですか？
>   (1) ×What did who buy?
>   (2) 　Who bought what?

　はい、タツノオトシゴ、じゃなくてタツノオシゴトさん(苦笑)、ご質問ありがとうございました。実は学校では教えてくれないヒミツの英文法がそこには隠れているの。このブログの皆さんには、優麻がそっと教えちゃうわね。英語のwhで始まる疑問文(= wh疑問文)って、実は「釣り」と似ているの。これから詳しく説明するね。

　皆さんは、「主語」とか「目的語」ってことばは知っているよね。(2)でいうとwhoが主語でwhatが目的語に当たるの。で、**主語と目的語って「高さ」が違うのよ**。「えっ、高さって，何？」って声が聞こえてきそうね。別に難しいことじゃないの。「文」ってまず「主語」と「述語」に分かれるじゃない。その述語も動詞と目的語に分かれるの。ヴィジュアル的には(3)のようになるかしら。(3)のように書くと、主語と目的語の高さの違い、よくわかるでしょ？

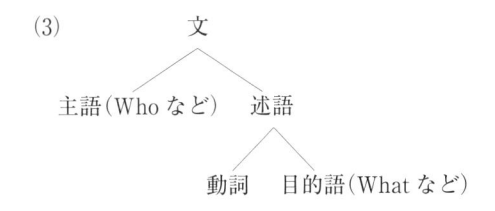

(3)　　　　　　文
　　　　　┌─────┴─────┐
　　　主語（Whoなど）　述語
　　　　　　　　　　┌──┴──┐
　　　　　　　　　動詞　目的語（Whatなど）

さあここからはイメージの世界よ。(3)の「文」から下はすべて海の中。海中に1本だけ釣り糸を垂らすわね。狙ってる獲物はwhで始まるお魚（= **wh句**）。本物の釣りでは海面に近いお魚から先に釣れるように、英語のwh疑問文でも「海面」に近い（つまり高い）ところにあるwh句から釣れるのが自然なの。だから、高いところにある主語のwhoを釣り上げた(2)は自然で、低いところにある目的語のwhatを釣り上げた(1)は不自然で文法的ではなくなるの。

　英語には、他にも釣りと似ているところがあるの。みんなは、釣りをしていて大きなお魚を釣ったことがある？　で、その魚の胃の中に小魚が入っていて「ラッキー！」って経験は？　あるよね〜。じゃあ、大きな魚を釣らずにその胃の中にいるお魚だけを釣ることってできる？　そんなのムリよね。英語もこれとまったく同じなの。

(4)　　You like ┃which picture of **which girl**┃.
(5)　×**Which girl** do you like ┃which picture of ＿┃?
(6)　　┃Which picture of **which girl**┃ do you like ＿?

(4)では、┃大きなお魚┃の胃の中に**小魚**が入っているね（お魚は両方wh句）。(4)を疑問文にするとき、**小魚**だけを釣る（先に持ってくる）ことはできないけど、┃大きなお魚┃ごとつり上げることはできるわよね。だから、(5)は間違った英語だけど、(6)は正しい英語になるの。

　ところでタツノオトシゴって、魚なの？

2.15

With no job, John would be happy と
With no job would John be happy

どんな仕事も気に入らないのはどっち？

　こんにちは、DJ優麻です。いよいよ年度末ですね。皆さん、お仕事忙しいですか？　フリーターの和夫さんからメールが届きました。

> 優麻さん、こんにちは。私は学校を卒業してからずっとフリーターをしています。いろんな仕事をしてきましたが、自分に合う仕事にはまだ巡り合えません。

和夫さんは、どの仕事もなかなか気に入らないようね。ちなみに、このことを英語にすると(1)のようになります。

　(1)　With no job would Kazuo be happy.

この文で特徴的なのは with no job の後、つまり主語 – 助動詞の語順がひっくりかえって、助動詞 – 主語になっているところ。**この倒置によって文全体が否定文になるの**。(1)が否定文であるのを確認するには、後ろに疑問文(＝**付加疑問文**)を付けてみればわかるわよ。

　(2) a.　With no job would Kazuo be happy, **would he**?
　　 b.　×With no job would Kazuo be happy, **wouldn't he**?

まず付加疑問文の特徴を書くね。付加疑問文は、前の文が肯定文の場合には否定の形になって、前の文が否定文の場合には肯定の形になって文末に付くの。ここで(2)を見てね。(1)の後ろに続く付加疑問文は、否定の形ではなく肯定の形。ということは、(1)は否定文だということがわかるわね。

　ところで、優麻はさっき、「助動詞 – 主語という倒置によって文全体が

否定文になる」と書いたよね。ということは、倒置が起こらない(3)は肯定文になるはず。

 (3) With no job, Kazuo would be happy.

その通り、(3)は肯定文なの。確認のために(4)を見てね。

 (4) a. ×With no job, Kazuo would be happy, **would he**?
  b. With no job, Kazuo would be happy, **wouldn't he**?

(2)の場合とは逆で、(3)の後ろに続く付加疑問文は、(4)の対比からわかるように、肯定の形ではなく否定の形なの。ということは、(3)は肯定文だということがわかるよね。意味も「仕事がなければ和夫はハッピーだ」となり、(1)とはまったく異なっているの。

 上のことがわかった皆さんに、ここで問題。(5)の英文を読んで、優麻が魅力的だと思われるためにはどうしたらよいと思う？

 (5) In no clothes does Yuma look attractive, but in no clothes, she looks attractive.

(5)のbutの前後の文はどちらもin no clothesで始まっていて同じように見えるけど注意してね。微妙に異なっているから。よく見ると、前半の文は助動詞－主語と倒置が起こっているのに対して、後半の文は倒置が起こっていませんね。ということは、前半の文は否定文で、後半は肯定文っていうことになります。だから(5)の意味は、「優麻はどんな服を着ても魅力的ではないけど、服を着なければ魅力的だ」となります。ちょっと、変な妄想はやめてね(笑)。

 和夫さんは、好きな仕事になかなか就けないことで悩んでらっしゃるけど、今の時代、仕事があるだけで恵まれていると思うの。仕事がまったくなかったら大変よ。この気持ちを英語で表すと(6)になるわね。

 (6) With no job, Yuma would be unhappy.

2.16

It is the boat that John decided on と It is on the boat that John decided

「そのボートに決めた！」の解釈はどっち？

　こんにちは、DJ 優麻です。今日は「悩める」男子高校生からのメールを紹介しますね。

> 優麻さん、こんにちは。駿といいます。あ、高校1年生です。うちのクラスの女子なんですけど、集団でトイレに行きます。ボクたち男子はそうはしないので、そんな女子の気持ちがわかりません。

わかるわかる、その気持ち。優麻も一応女子だから(笑)。ねぇ、駿くん、女子は一緒に行動することでどのグループのメンバーであるかをアピールしたりするものなの。英文法にも同じようなことがあるの。

(1)　John kissed his girlfriend yesterday.

(2)　**It is** his girlfriend **that** John kissed ＿＿＿ yesterday.

(3)　×**It is** his girlfriend yesterday **that** John kissed ＿＿＿.

(1)の下線部には3つの単語があるけれど、一緒に動かせるものと動かせないものがあるの。his と girlfriend は一緒に動いて **it is** と **that** の間に入ることができるのね（＝(2)）。このような場合に his と girlfriend は **1つのグループ**(言語学では**構成素**ってよばれているの)をなしているって考えるの。今度は、his girlfriend と yesterday を **it is** と **that** の間に一緒に動かしてみましょう。そうすると非文法的な文になってしまいます（＝(3)）。これは his girlfriend と yesterday が1つのグループをなしていないからなの。

でね、この **it is ― that** 構文(＝**強調構文**)を使えば、次の(4)と(5)の下線部が1つのグループをなしているかが簡単にわかるわ。

(4)　John ran <u>up the stairs</u>.　　　　　　　　　(階段を駆け上がった)
(5)　John picked <u>up the money</u>.　　　　　　　(お金を拾った)
(6)　**It is** *up the stairs* **that** John ran.　　　　　　((4)を参照)
(7)　[×]**It is** *up the money* **that** John picked.　　　((5)を参照)

(4)の up と the stairs は一緒に動けて **it is** と **that** の間に入ることができます(＝(6))。ここから up と the stairs は1つのグループであることがわかるの。これに対して、(5)の up と the money は **it is** と **that** の間に一緒に入れることができません(＝(7))。だから up と the money は1つのグループではないことがわかるわ。このように、同じ up でも、属しているグループが異なる場合があるってことなの。

　実は、**グループの所属が異なると文全体の解釈が変わってしまうので注意が必要なの**。例えば次の(8)において、on が the boat と同じグループになる(つまり(9)がいえる)場合には「そのボートの上で決心した」の解釈になり、the boat と同じグループに入らない(つまり(10)がいえる)場合には「そのボートに決めた」の解釈になるの。

(8)　John decided on the boat.
(9)　**It is** *on the boat* **that** John decided.
(10)　**It is** *the boat* **that** John decided on.

女子は、トイレに一緒に行くメンバーが1つのグループになっていると考えればいいの。わかりやすいでしょ(^^)　女子のグループも英単語のグループも、どちらも**移動**によってはっきりわかるっていうことね。

2.17

Mary knows what book John is reading と Mary knows what a book John is reading

メアリーがあきれているのはどっち？

こんにちは、というか、明けましておめでとうかな？ DJ優麻です。皆さんは年賀状たくさんもらいましたか。今日の「英文法ここだけの話」、私の親友、桃子の話をしたいと思います。彼女は有能な女の子。でも今の職場では彼女の能力や個性が活かせないらしい。能力のある人もない人も仕事では差が現れずストレスがたまってしまうんだって。「転職しようかな」彼女の年賀状の最後には、そう書かれてあったわ。

桃子へメッセージを送る前に、英文法のお話をするわね。というのも、**異なる個性が、ある環境の下では埋没して差が見えなくなる**ことが英文法にもあるから。皆さんは疑問文と感嘆文の違い知っているかな。(1)が疑問文、(2)が感嘆文の例ね。

(1) What games did they play?　　　　　　　　　（疑問文）
(2) What games they played!　　　　　　　　　　（感嘆文）

(1)と(2)では使われている単語はほぼ同じなのに、疑問文と感嘆文というように文のタイプが異なっているわよね。でも語順を見れば違いは明らか。疑問文では**助動詞ー主語ー動詞**の語順になっているのに対して、感嘆文では**主語ー動詞**の語順になっている。でもね、(1)をI knowの目的語に埋め込んだ文(=(3))と(2)をI knowの目的語に埋め込んだ文(=(4))は、まったく同じになってしまうの。(3)と(4)を比べてみて。

(3) I know what games they played .　　　((1)を埋め込んだ文)
(4) I know what games they played .　　　((2)を埋め込んだ文)

(3)と(4)はまったく同じ語順よね。つまり、**埋め込み文という環境では語順の違いという「個性」は隠れてしまう**の。じゃあ、埋め込み文では疑問文と感嘆文のすべての個性が消えてしまうのかというと、実はそうでもないの。(5)と(6)を見て。

(5) Mary knows **what book John is reading**. （疑問文）
 （メアリーは何の本をジョンが読んでいるのか知っている）
(6) Mary knows **what a book John is reading**. （感嘆文）
 （メアリーはジョンがとんでもない本を読んでいるのを知っている）

(5)と(6)では**不定冠詞の a があるかないかの違いだけ**だけど、(5)の埋め込み文(太字の部分)は疑問文の解釈になるのに対して、(6)の埋め込み文は感嘆文の解釈になるの。なぜそうなるかは、埋め込む前の文を見てみればわかるわ。

(7) a. What book is John reading? （(5)を参照）
  b. ×What **a** book is John reading?
(8) a. ×What book John is reading!
  b. What **a** book John is reading! （(6)を参照）

疑問文では、数えられる名詞(＝可算名詞)の単数形が what の後にくる場合でも、不定冠詞の a は必要ないの。一方、**感嘆文**では、可算名詞の単数形が what の後にくる場合には不定冠詞の a が必要となるのよ。これらの「個性」は埋め込み文の環境でも生き続けるの。

ねぇ、桃子。職場の環境によっては、消されてしまう個性もあると思うの。でもね、桃子の個性すべてが消されてしまうってことはないんじゃないかな。What an attractive personality you have!（なんて素敵な個性なの！）そういってくれる人がそばにきっといるはずよ。

2.18

こちらもチェック→ 1.11

I will buy what Yuma is selling と I will inquire what Yuma is selling

売るものがわかっているのはどっち？

こんにちは、DJ優麻です。昨日部屋の片づけをしていたら、昔買ったアイドルのCDがたくさん出てきました（恥ずかしいw）。でも、もう聴かないので、ネットオークションにでも出そうかな。このブログの読者なら、(1)のようにいってくれる人がいるかもしれないわね。

(1) I will buy <u>what Yuma is selling</u>.

「優麻ちゃんが売るもの（＝アイドルのCD）なら買うよ」ってね。そうだったら嬉しいな。でも、「アイドルのCDっていうけど、具体的に優麻ちゃんは何を売ってるの？」という人は(2)って感じだろうね。

(2) I will inquire <u>what Yuma is selling</u>.

ところで、(1)と(2)の下線部は「同じ顔」をしているけれど、上で見たように解釈は異なっているの。正確にいうと、(1)の下線部は**名詞**（＝**自由関係節**）なのに対して、(2)の下線部は**文**（＝**間接疑問文**）なの。ちなみに、次の(3)は自由関係節とも間接疑問文とも解釈できるの。

(3) The police asked John <u>what he saw</u>.

例えばJohnがある事件の現場に偶然いたとするわね。警察はまずJohnに「現場で何を見たか」尋ねるはず。これが下線部の**間接疑問文の読み**に当たるの。捜査が進むと、「Johnが目撃したもの」について警察がさらに詳しく尋ねることになるよね。これが下線部の**自由関係節の読み**に当たるの。

自由関係節と間接疑問文って本当にそっくりよね。でもね、自由関係節と間接疑問文をそれぞれ動かしてみると違いが現れるの。

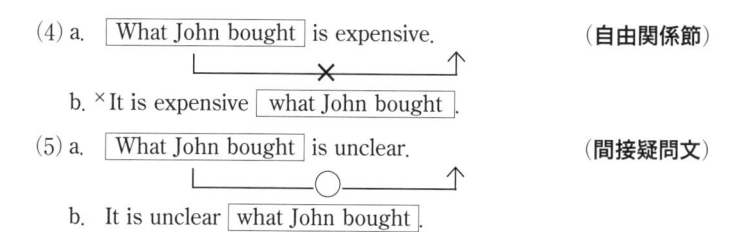

(4) a. What John bought is expensive.　　　　　　（**自由関係節**）

　b. ×It is expensive what John bought.

(5) a. What John bought is unclear.　　　　　　　（**間接疑問文**）

　b. It is unclear what John bought.

(4a)の自由関係節を文末に移動することは(4b)のようにできないの。でも、(5a)の間接疑問文を文末に移動することは(5b)のようにできるの。

　ね、違いがはっきり出るでしょ。えっ？ その違いはどこからくるかって？ わかりました、優麻が説明しましょう。まず皆さん、思い出して下さい。**自由関係節は名詞で、間接疑問文は文**のようなものだってこと。つまり、(4b)がダメなのは(6b)がダメなのと同じ理由。名詞は文末に移動できないからね。もちろん文なら(7b)のように移動できるわ。これで(5b)が文法的になるのも納得でしょ。

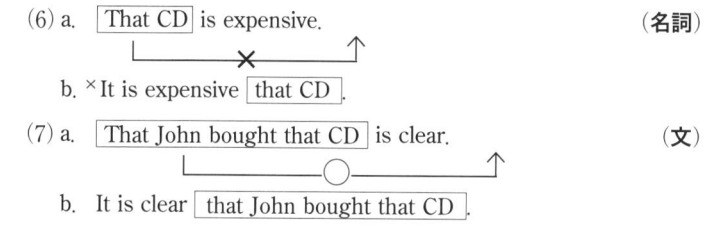

(6) a. That CD is expensive.　　　　　　　　　　（**名詞**）

　b. ×It is expensive that CD.

(7) a. That John bought that CD is clear.　　　　（**文**）

　b. It is clear that John bought that CD.

少ないお小遣いを貯めてやっと買った想い出のCD。これから聴くことはないかもしれないけど、やっぱり手元に置いておこうかな。

2.19

I don't know what I should do と
I don't know what Mary should do

I don't know what to do に書き換えられるのはどっち？

こんにちは、DJ 優麻です。昨日、「身近なものからエコを考える」というシンポジウムの司会をしてきました。「エネルギーの節約」がキーワード。実は英語にもエコを考えた工夫があるの。紹介するわね。

(1) a. I don't know what **I should** do.
　　b. I don't know what **to** do.

(1) はどちらも「私は何をすべきかわからない」という意味。英語には (1a) の I should を (1b) のように to に換えてしまう工夫があるの。同じような例をもう少し見てみましょう。

(2) a. I don't know who **I should** talk with.
　　b. I don't know who **to talk** with.
(3) a. You don't know where **you should** buy the tickets.
　　b. You don't know where **to** buy the tickets.
(4) a. He decided when **he would** move to the new office.
　　b. He decided when **to** move to the new office.

(2)-(4) もそれぞれの a と b の意味は同じ。実は、英語には上の a と b を結ぶ (5) のような ECO ルールがあるの。

(5)　ECO ルール：**WH —主語－助動詞 —動詞**の ☐ を to に換える。

ね、エコでしょ〜 (^^)　ただし、このルールは<u>主語が主節の主語と同じ場合にのみ使える</u>というお約束があります。だから、次の (6a) を (6b) の

ように書き換えてはいけないの。

(6) a.　I don't know what Mary should do.
　　b.　I don't know what to do.　　　　　　　　　　　　((a) ≠ (b))
　　c.　×I don't know what Mary to do.

(6a)では、主節の主語はIでWHの右隣にくる主語はMaryよね。つまり、主語が異なっているってこと。このような場合には(5)のルールは使えないの。それにもかかわらず主語と助動詞を無理に消すと(6b)のようになるけど、(6b)にはもはや(6a)の解釈などないの。ただし、(6b)は文法的には正しくて「私は何をすべきかわからない」という解釈なら可能((1b)参照)。また、(5)のルールに従わず、(6a)のMaryを残したままshouldだけをtoに換えても、正しくない文(=(6c))が出てくるだけよ。

それから、(5)のルールではWHっていうところも重要。

(7) a.　I wonder {whether/if} I should leave soon.
　　b.　I wonder {whether/×if} to leave soon.

(7a)は「すぐに出発すべきかどうかわからない」という意味で、whetherでもifでも文法的。でも、**wh**etherの後ろの主語-助動詞はtoに換えられるけど、ifの後ろの主語-助動詞はtoに換えられないの((7b)を参照)。つまり、WHじゃなきゃダメなの(キリッ)。

ここまでちゃんとわかったかな？　最後に、(5)のチョー素晴らしい予測力をお見せします。(8a)を(5)に従っていいかえてみるね。

(8) a.　I don't know with whom **I should** talk.
　　b.　I don't know with whom **to** talk.

(5)に従って、(8a)のI shouldをtoに換えると理論上(8b)になるよね。(8b)の形は普通、学校では習わないけど、実はネイティブが話している完璧に正しい英語なのよ。どう？　(5)の予測力って大したもんでしょ？

2.20

Mary kissed John when drunk と John kissed Mary when drunk

Mary が酔っていたのはどっち？

こんにちは、DJ 優麻です。昨日は「身近にできる CO_2 削減」というワークショップに参加しました。確かに CO_2 削減は Eco なんだけど、いつでも削減できるわけじゃないのよ。いくつかの条件が整わなければ削減は無理ということなの。そうそう、英文法にも(1)のような「**主語と be 動詞の削減**」っていう Eco ルールがあるわ。

(1) Eco ルール： 主語＋be 動詞 をカットする。

でも、いつでもカットできるというわけではないので注意が必要。条件が整わなければカットは無理なのよ。その条件とは、ズバリ、(2)です。

(2) a. 主語＋be 動詞 が副詞節内にあり　　　　かつ
    b. 　　　　内の主語が主節の主語を指すとき

(2)の条件を両方満たしてはじめて、(1)の Eco ルールが適用できるの。詳しくはこれから説明するね。まず(3)を見てみましょう。

(3) Mary kissed John when **she was** drunk.

(3)は「メアリーは酔って、ジョンにキスした」という意味。when で始まる節(= when 節)は、主節(Mary kissed John)を修飾する節で**副詞節**とよばれているの。(3)の she was は**副詞節内にあり**、かつ she は**主節の主語(Mary)を指している**わ。つまり、(2)の条件に合っているので、(1)の Eco ルールが適用でき she was がカットできるの。(3)から she was をカットしたものが(4)よ。

(4) Mary kissed John when drunk.

(4)は(3)と意味がまったく同じなの。(3)と比べてだいぶ短くなりました。Eco よね(^^)/

次に、(3)と形がよく似ている(5)を見てみましょう。

 (5) Mary kissed John when **he was** drunk.

(3)も(5)も「メアリーがジョンにキスした」という事実は変わりませんが、酔っぱらっているのは(3)がメアリーなのに対して、(5)ではジョンなの。この意味の違いは when 節の主語の違いからきているわね。では、(5)の he was に(1)の Eco ルールが適用できるか考えてみましょう。he was は副詞節内にあるけど、その he は主節の**目的語**(John)を指しているよね。つまり、(2b)の条件に合っていないので、(1)の Eco ルールが適用できず he was はカットできないの。無理にカットした(6)はもはや(5)と同じ意味にとるのは無理で、(3)と同じ意味に変わってしまうの。

 (6) Mary kissed John when drunk.   (=(4))

最後に、(7)を見てみましょう。

 (7) Mary doesn't remember when **she was** drunk.

(7)は「メアリーは自分がいつ酔っていたのか覚えていない」という意味(「酔っていた時の記憶がない(Mary doesn't remember what happened when she was drunk」)という意味ではないことに注意してね)。(7)の she was に(1)の Eco ルールが適用できるか考えてみましょう。when 節の主語(she)は、主節の主語(Mary)を指しているよね。でも、(7)の when 節は主節の動詞(remember)の目的語として機能する**名詞節**。つまり、(2a)の条件に合っていないので(1)の Eco ルールが適用できず、she was を(8)のようにカットすることはできないの。

 (8) ×Mary doesn't remember when drunk.

 CO_2 も 主語+be 動詞 も条件を満たしているか確認してからカットしてくださいね。最近 Eco にはまっている優麻からのお願いでした m(_ _)m

さらに学びたい人のために

■ 江川泰一郎『英文法解説』金子書房 1991年

英語学習者なら誰でも知っている学習文法書である。しかし、同書はリファレンスブック（＝参考図書）ではない。例文はもちろん地の文まで腰を据えてしっかりと「読む」文法書なのだ。いつの時代でも多くの学習者の支持をうけている同書は、英文法のエッセンス100％のジュースのようだ。すこし酸っぱいかもしれないが中身は本物である。

■ 畠山雄二『言語学の専門家が教える新しい英文法』ベレ出版 2006年

まわりに英語が（そこそこ）できる人は多いが、言語学のトレーニングを「きちんと」終えた言語学者はそう多くはない。その数少ない言語学者が、あえて難しい用語を使わずやさしく英文法をレクチャーしてくれている。無味乾燥な英文法が同書ではディナーに変わる。「よくわかる英文法」、召し上がれ！

■ 今井邦彦・中島平三『文Ⅱ』研究社 1978年

今から30年以上も前に出版された「古い」本である。しかし、同書に挙げられた例文および文法説明は、今でも言語学の専門誌で引用されるなど、まったく古くはない。一般の学習文法書ではあまり詳しく説明されていない、命令文や感嘆文などの項目をしっかりと取り扱っている。しっかりした記述は言語理論が変わっても活き続ける。

■ 中島平三（編）『英語構文事典』大修館書店 2001年

さまざまな英語の構文を1つ1つ詳しく説明しているのが同書の特徴である。同書によって、初学者は知りたい構文をより正確に知ることができ、大学（院）生は研究テーマを見つけることができるだろう。そして現場の教員は、理論に裏打ちされた各項目の説明をさらに噛み砕いて学生に伝えることで、ワンランク上の教育効果が期待できる。

■ 長谷川欣佑『生成文法の方法：英語統語論のしくみ』研究社 2004 年

学習英文法から少し言語学に近づいてみたいと思った人には同書がお薦めである。同書では、ことばに構造があることが「ことばの実験」によって明らかにされていく。学習文法書には書かれていない文法を発見するプロセスを体感し、「英文法を知っている」レベルから「英文法がわかる」レベルまで到達することができるだろう。

■ James D. McCawley, *The Syntactic Phenomena of English*, University of Chicago Press, 1988.

日本語の本で言語学に近づけたなら、今度は英語の本に挑戦してみよう。同書は英語のさまざまな文法現象を題材にして、ことばの仕組みについて説明している。同書を読めば、ことばの構造が意味に大きな影響を与えていることがわかる。文法とは形と意味をつなぐものである。読者はそのようなことばの本質に自ずと気づくことになる。

■ 斎藤武生他（編）『英文法への誘い』開拓社 1995 年

同書の内容は大きく 2 部に分かれており、第 1 部では「総論」として理論言語学のイントロがまとめられている。第 2 部では「構文論」として受動文や使役構文をはじめさまざまな構文が扱われている。英文法の全体像を捉えるために通読してもよいし、レポートの題材を探す際にも大いに役立つだろう。

■ Peter W. Culicover, *Syntactic Nuts: Hard Cases, Syntactic Theory, and Language Acquisition*, Oxford University Press, 1999.

Nuts とは「変わり者」という意味。一流の言語学者が「ちょっと変わった」構文について熱く語っている。「ちょっと変わった」とはいっても、普段使われている構文ばかりである。ただ、あまり研究が進んでいないだけなのだ。まだ研究が進んでいない構文があると知り自分で研究したくなる人もいるだろう。同書はそういう人のためにある。

■ 畠山雄二（編）『日本語の教科書』ベレ出版 2009 年

日本人が英文法を勉強する時には、日本語文法を利用する方が効率がよい。しかし、私たちはどのくらい日本語文法を知っているのだろうか。実は、ほとんど何も知らないのである。同書を読めば日本語文法がわかるだけでなく、日本語文法が英文法と似ていることもわかる。日英語の文法を知ることで、人間のことばの普遍性に気づくことだろう。

■ 竹沢幸一・John Whitman『格と語順と統語構造』研究社 1998 年

英文法がわかるためには、英語だけを見ていてはダメである。同書は、英語と日本語を比較することによって、英語の本当の姿を明らかにしようとしている。説明文には理論言語学の用語が含まれているので、初学者は少し難しく感じるかもしれない。しかし、順を追って読み進めれば必ず理解できるし、文法への興味が増すことは間違いない。

第3章

英語の意味、どっちが正しい?

この章では、2つの英語の表現を比べて、どんな意味の違いがあるかを見ていく。動詞や前置詞などの「単語」だけではなく、冠詞の a を使うか the を使うかといった「文法」も、意味と大きな関わりがある。それらの意味の違いは、話し手がどう感じ、どう物事を捉えているかを知るための、大きな手がかりになるのである。

3.1

こちらもチェック→ 5.7 5.8 4.2

I like the desk と I like desk

人間がいうとおかしいのはどっち？

　英語の「名詞」は難しい。日本語にはない区別をいろいろしないといけないからだ。その出発点が、「**数えられる名詞**」と「**数えられない名詞**」の区別である。

　これまでに学校で習ったとおり、「数えられる名詞」には a や the の冠詞をつけたり、複数形にしたりしないといけない。例えば book は I bought {a book / the book / books} となり、何もつかない book のままで登場することは、まずない。その一方で、water や wine のような「数えられない名詞」はそのまま何もつけず、I like wine のようにして使う。

　日本語では、「本」も「ワイン」も、何もつけずにそのまま使う。日本語の名詞には、数えられるのか・数えられないのかの区別がいらないのだ。そんな日本語の使い手である私たちには、英語が面倒に感じられるかもしれない。でも、日本語だって面倒なところもある。「本3冊」「犬2匹」のように、対象によって数え方を変えないといけないけれど、英語なら three books、two dogs と、複数形にして数字をつければおしまい。だから、面倒という点では「お互いさま」だ。

　さて、英和辞典を見ると、数えられる名詞には C (countable)、数えられない名詞には U (uncountable) の記号がついている。でも困ったことに、両方の記号が並んでいることも少なくない。例えば『ジーニアス英和大辞典』で material を引くと、

1　U C 材料、素材；原料
2　U C ［・・・の］資料、題材、データ

となっている。これはいったいどちらの名詞なのだろう?

実は、「数えられる名詞」「数えられない名詞」は、辞書で決められているわけではない。それを決めるのは、自分の指し示したいものが、数えられるような状態かどうか、なのである。つまり、まとめると次のようになる。

数えられる名詞 ⇒ 形や輪郭がはっきりしているもの(なので数えられる)

数えられない名詞 ⇒ はっきりとした形や輪郭がなく、「かたまり」のようになっているもの

数えられる名詞 　　　　　**数えられない名詞**

例えばappleの場合、日常生活でよく目にするのは、形のあるりんごなので、an apple / the apple / apples と数えられる名詞扱いになる。でも、すりおろしたりんごはどうだろう? これはドロドロで形がないので、数えられない名詞となる。なので、すりおろしたりんごを食べたのなら、I ate apple yesterday(昨日りんごを食べた)と、appleに何もつけなくてもよい、ということになる。

同じようにdeskも、私たちにとっては形のあるものなので、I like the desk(その机が好きだ)というように、数えられる名詞になる。でも、虫から見たらどうだろう? その輪郭は見えるだろうか? おそらく巨大なかたまりにしか見えないだろう。だから、家具を食べる虫ならばI like desk better than shelf(棚より机の方が好みだ)なんていうこともできるのだ(もし虫が英語を話せたら、だが……)。

3.2

こちらもチェック→ 5.10

go to school と go to the school

大人になるとできなくなるのはどっち？

　前節で見たように、book や apple のように、通常は形があって輪郭のはっきりしたものを指すとき、英語の名詞は「数えられる名詞」となる。これは面倒なことに、裸で放ったらかすことができない。**単数・複数**の区別をつけたり、a や the という**冠詞**をつけたりと、洋服やアクセサリーのようなものが必要だ。

　その一方で、water のように形がなかったり、intelligence（知性）のように抽象的でばく然としたものを指す「数えられない名詞」は、なにやら捉えにくいような気がするが、裸のままで平気である。だから、いつも何かをつけてやらないといけない「数えられる名詞」より、扱いはラクなのである。

　でも、形があるものを指していそうなのに、よく見たら冠詞も何もついてないことがある。例えば go to school（通学する）。英語を習いたての頃に出てくる熟語だ。あらためて考えてみたら、school には何もついておらず裸のまま、つまり「数えられない名詞」になっている。でも school は「学校」であって、学校にはちゃんと形があるから、これはおかしいのでは？

　実は go to school の school は、学校の校舎そのものを指しているのではない。というのも、「通学する」ということは、ただ近所の「○○中学校」の校舎に行けばいいだけではない。その学校の生徒として、毎日そこで勉強し、部活をし、社会生活の何たるかを学びに行くことだ。そんな学びの機会と場を提供することが、学校のはたらきである。つまり go to school の school は、具体的な○○中学校の「校舎」よりもむしろ、世の中の学校がはたしている「**はたらき**」を重視しているのだ。「はたらき」には形

がなく抽象的なので、それを表すのも「数えられない名詞」になる。

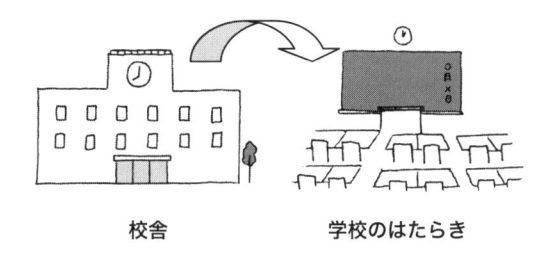

校舎　　　　　　　　**学校のはたらき**

もちろん、school に冠詞をつけて go to the school ということもできる。このときの the school は、形のあるもの、つまり学校の校舎や敷地を指すことになる。ということは、go to the school は学校のある場所に行きさえすればいいので、学校を卒業してしまった大人でも誰でもすることができる。一方で go to school は、学校で勉強する生徒にしかできないことだ。

同じことが、次のような熟語にも当てはまる。

(1) go to church(礼拝に行く), go to the church(教会に行く)
(2) go to bed(寝る), go to the bed(ベッドのところへ行く)

(1)の礼拝に行くときは、神に祈りを捧げるという教会の「はたらき」を重視して、church を数えられない名詞とみなし、go to church となる。しかし、教会で誰かと待ち合わせたり、そこでフリーマーケットをするときは、礼拝と関係なく教会のある場所に行くだけなので、go to the church となる。

また、(2)の go to bed は、文字通りにいえば「ベッドに行く」だが、ベッドのはたらきは「寝るための場所」なので、「寝る・就寝する」という熟語になっている。だから、夜中にベッドの上に寝転がって DS で遊んでいる子は、既にベッドにいても、母親に Go to bed!(寝なさい!)といわれてしまうのだ。

3.3

こちらもチェック→ 5.9

give me a dictionary と
give me the dictionary

いつもの辞書はどっち？

　大学生の佳子は、オーストラリアからの留学生・メリッサのチューターをしている。チューターとは、留学生に週1度ほど会って勉強や日常生活の質問に答える、家庭教師のようなサポーターである。

　日本語を習いたてのメリッサからの質問は、なかなか難しい。動物を数えるとき、犬は1匹・2匹だけど、馬は1頭・2頭になるのはどうして？ うさぎはどうして鳥と同じ1羽・2羽なの？ ……などなど、佳子も知らないことを尋ねられることが多い。答えられないのは恥ずかしいけれど、適当に答えて間違ったことを教えるわけにもいかないから、仕方がない、辞書で調べよう……。メリッサに「ちょっと、辞書とってくれる？」とお願いしようとした佳子、あれ？ こんなときは Give me a Japanese dictionary、それとも Give me the Japanese dictionary？

　佳子のいいところは、dictionary に a か the をつけないといけない、と思ったところだ。dictionary は、辞書という形のあるものを指しているので、そのまま裸で使うことができない。今の場合のように、「1冊の辞書」を指したいときは、a か the という「**冠詞**」をつけないといけない。でも、a と the はどう使い分けるのだろう？

　実際に a と the を使いこなすのは簡単ではないが、基本的なルールはシンプルだ。これまでに学校で、**a は「不定冠詞」、the は「定冠詞」**と、文法用語を習った人も多いと思うが、実は、この呼び名がすべてを表している。つまり、

定冠詞(the)：「定」　　⇒「**特定の、決まったもの**」
不冠詞(a)：「不定」　⇒「**不特定の、どれでもいい1つのもの**」

という意味なのである。

では佳子は a dictionary といったらいいのだろうか、the dictionary といったらいいのだろうか？ 答えは、佳子が使いたい辞書次第である。「国語辞典なら、広辞苑でも新明解辞典でも、何でもいい」と思っているのならば、不特定の辞典なので、a dictionary である。でも、「この部屋に置いてあって、いつも私が使っている広辞苑」をとってほしいと思っているのならば、特定の決まった辞書を指すことになるので、the dictionary である。

さらにもう1つ、the を使う上で必要なことがある。the dictionary というには、佳子がいつも使っている辞書のことを、聞き手のメリッサも知っているという、暗黙の了解がいるのだ。つまり、佳子に「あの例の辞書、とってくれる？」といわれてメリッサが「あぁ、あの辞書のことね」とわかるような状況でないと、佳子は Give me **the** dictionary とはいえない（あるいは、いってもメリッサにはわからない）。このように、the を使うときには、「これは私もあなたも知ってるよね？」というような、以心伝心的なものがはたらいているのである。

ちなみに、辞書のようなものとは違って、世の中に1つしかないもの、例えば sun（太陽）や moon（月）には常に the がつく。1つしかないから、自動的に特定されるというわけだ。でももし、地球の衛星が複数あったならば、a moon といういいかたもできたかも……？

3.4

I don't like some Korean dramas と I don't like any Korean dramas

全部嫌いなのはどっち？

　子育ても一段落した主婦の多恵子は、ご多分にもれず、韓国ドラマにはまっている。前から参加している英会話サークルでも、おのずと話題は韓国へ。すると、最近サークルにくるようになった30代主婦の知香も韓国ドラマ好きと判明し、2人で話が盛り上がった。

　What drama do you like? と尋ねられ、多恵子はふと考えた。いつも好きで見ているのは軽快なラブコメディーで、ドロドロした話や時代ものは、あまり見ないわ……好きなものもあれば、そうでないものも確かにあるわね。そこで多恵子はこう答えた。

　　'I like some Korean dramas, and actually, I don't like any Korean dramas.'

それを聞いて知香は「えっ？」と怪訝な顔をし、What do you mean? と問い返してきた。私、何か変なことをいったかしら……。多恵子は困ってしまった。

　多恵子は若かりし頃、きっと優等生で、学校で習ったことをちゃんと覚えていたのだろう。「『いくつか』は、肯定文では some、疑問文と否定文では any になる」と。それに従って、「いくつかの韓国ドラマは好きではない」という否定文にするのに、I don't like any Korean dramas と、any を使ったのだろう。でも本当に、そんな決まりがあるのだろうか？実際、次のように any は肯定文にも使える（そしてもちろん some も使える）。

　(1)　I like any Korean dramas. / I like some Korean dramas.

実は、someとanyが示す「量」には違いがあるのだ。**someは、3つか4つなど、ある程度決まった量**だが、**anyはいくつでも、量が決まっていない**。下の図を見てみよう。

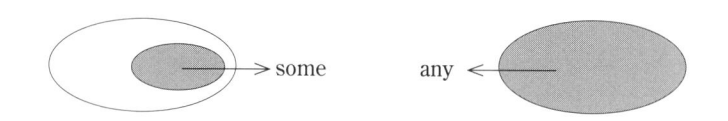

ケーキがたくさん並んだトレイを前にしてHave some cakesといわれたとしよう。食べていいケーキはいくつか決まった分量である。ということは、ほかの誰かに残しておかないといけなかったりするので、すべて食べてはいけないということになる。一方で、Have any cakesといわれると、どのケーキも、何個でも、全部でも食べていいことになる。

そのようなわけで、多恵子のいったI don't like any Korean dramasのようにanyを否定文で使うと、「どの韓国ドラマをとっても好きじゃない」という意味になってしまう。これでは知香が怪訝な顔をしたのも無理もない。

では、「someは肯定文、anyは疑問文・否定文」というルールはどこから出てきたのだろうか？ 例えば「この店に雑誌はありますか？」と尋ねるとき、普通は「どんな出版社でもいいので、雑誌というものはここで取り扱っていますか？」という意味で尋ねるので、

(2) Are there **any** magazines in this store?

となる。しかし、これを

(3) Are there **some** magazines in this store?

とすると、「ある数社の雑誌は取り扱っていますか？」ということになってしまい、不自然である。このように、someを疑問文や否定文で使うのが自然な状況がわりと少ないため、「someは肯定文」というようなルールが出てきたのだろう。

3.5 We'll arrive at Kyoto と We'll arrive in Kyoto

こちらもチェック→ 5.15

京都を通過しそうなのはどっち?

This train will soon make a brief stop at Kyoto … 新幹線で耳にするアナウンスだ。文字通りには「この電車は間もなく京都に短い停車をします」だが、自然な日本語では「間もなく京都に到着します」といった感じだろうか。

「京都に」の「に」のように、場所を表しているのが、前置詞の at である。しかし、「京都に」の「に」がいつも at になるわけではない。「私は京都に住んでいます」なら I live in Kyoto だ。同じように場所を表すのに、in と at はどう使い分けるのだろう?

ひょっとしたら、こう考える人もいるかも知れない。京都に「着く」ときは at で、「住んでいる」ときは in、つまり、一緒に使う動詞によって決まっているのだと。実際、arrive at ...(〜に到着する)という表現も、前に習った覚えがあるし……。

でも残念ながら、動詞によって前置詞が決まっているとはいいきれない。arrive でもこんなふうに、in を使う方がいい場合もあるのだ。

(1) We arrived in Kyoto, and stayed there for sightseeing.
 (京都に到着して、観光のため滞在した)

では、in と at の意味の違いを、わかりやすく図にしてみよう。

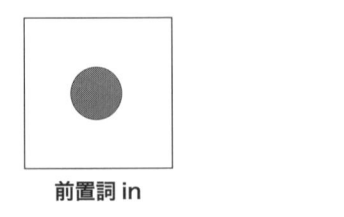

前置詞 in   　　　　　　　　前置詞 at

前置詞はもともと、「ものの位置」を表すためのものだ。上の図も、前置詞 in と at が意味する「位置」を描いている。in では、あるモノが「入れ物」の中にすっぽり入っている。一方で、at では、あるモノが「点」のようなところに存在している。したがって、**in は入れ物のように広がりのあるスペース、at は点のように狭いスペース**が関係している。

例えば、部屋や通りの「すみ」(corner)という場所を表したいとき、次の2通りのいいかたがある。

(2) He stood smoking in the corner of the room.
（彼は煙草を吸いながら部屋の隅に立っていた）

(3) He found a new shop at the corner of the street.
（彼は通りの角に新しい店を見つけた）

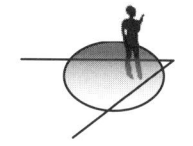

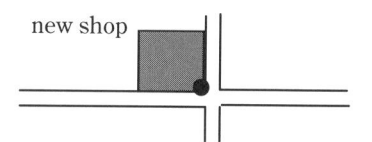

in を使っている(2)は、ばく然と広めに「すみ」エリアを設定して、その中に人が立っていることを表す。一方で(3)は、店の場所を指すのに、「通りの角」をピンポイントで指定している感じがする。

では、はじめに見た arrive の場合はどうだろう。(1)のように、京都に到着してから観光するならば、京都という町があたかも入れ物になって、その中で人が観光するという構図が、in の図にちょうど当てはまる。しかし、冒頭のように、新幹線が着いた場合、京都はほんの通過点で、一時的に停まったにすぎない。このときは、京都を「点」として表す at の方がふさわしいのである。

3.6

こちらもチェック→ 5.14

The picture is on the ceiling と
The picture is on the desk

絵が下向きなのはどっち？

前置詞 in と at に続いて、今度は on について見てみよう。直観的にいって、on が表す位置関係は、「**～の上に**」だろう。図で描くと下のようになる。

(1)　The bag is on the desk.
　　　(そのバッグは机の上にある)

図1　on

ここで注目したいのは、(1)の場合、バッグがただ単に机の「上」にあるだけではなく、机と「**接触**」しているときに on を使うということだ。もし2つのものが離れてしまうと、たとえ「上」にあったとしても、前置詞 on ではなく above といった別の前置詞の方がふさわしくなる。次の above の図と比べてみよう。

(2)　The lamp is above the table.
　　　(ランプがテーブルの上にある)

図2　above

さて、前置詞 on は必ずしも「上」という位置でなくても使われることがある。まず、図1の位置関係を90度回転させてみよう。

(3)　The picture is on the wall.
　　　(絵が壁に掛かっている)

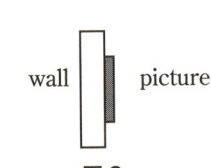

wall　　picture

図3

さらに90度回転させてみると、もとの図から180度反転して次のようになる。

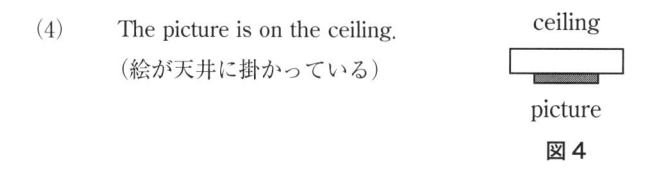

(4)　　The picture is on the ceiling.
　　　（絵が天井に掛かっている）

ceiling

picture

図4

(4)の意味を、「絵が天井の上にある」と解釈するのは、常識的に無理がある。「天井の上」という場所がどこを指しているかよくわからないし（屋根裏部屋の床？）、そんな場所に絵があるというのも、不自然きわまりない状況だからである。

「上」という場所ではないのに、(3)も(4)も前置詞 on を使えているのはなぜだろう？ それは、on がほんらい表す位置関係のうち、「**接触**」という側面だけが生き残っているからである。(3)の絵も(4)の絵も、壁や天井に「接触」していることには変わりがない。

こうして見てみると、on の意味は「上」だけではなく、「接触」の意味がかなり大事だということがわかる。例えば、コンサートでバンドのメンバー紹介をするとき、「オン・ギター、畠山雄二！」というのを聞いたことがあるだろう。これはもともと on the guitar で、「ギター担当」の意味である。もちろん、奏者はギターに「接触」している。いつもギターと接触しているということは、ギターというパートを「担当」していることになる。こうして「接触」から「担当」の意味が生じたため、とくに何の楽器とも接触がなくても、「オン・ボーカル、桜井和寿！」といういいかたもできる。このように、前置詞 on のさまざまな用法の中には、「接触」由来のものが多く見られるのだ。

3.7

こちらもチェック→ 5.15

I handed in the report in time と
I handed in the report on time

時間ギリギリなのはどっち？

今日は「コミュニケーション論」のレポート提出の締め切り日。提出先の教務課は午後5時に閉まってしまう。受付のシャッターが降りかけた午後4時59分、エリックが駆け込んできて、レポートをなんとか提出できた。さて、この状況を英語でいうと、どうなるだろう？

(1) Eric handed in the report **in** time.
(2) Eric handed in the report **on** time.

この2つの文の違いは、前置詞 in/on だけである。そして、どちらも time が後に続くことからわかるように、「**時間**」に関する意味で使われている。2つの文は両方とも「時間に間に合ってレポートを提出した」という意味にはなるが、エリックの余裕の有り無しに違いがある。(1)は「時間に十分間に合っている」感があるが、(2)は「ギリギリで間に合っている」というジャスト感がある。

こんなふうに前置詞は「ものの位置」以外の意味がたくさんある。でも、それらは「ものの位置」の意味がご先祖様なので、遺伝子としても**との意味をちゃんと残している**のだ。

では、(1)の in time と(2)の on time を、図で考えてみよう。ここで問題になるのは、「エリックがレポートを提出した」という出来事と、「締め切りに間に合う時間(つまり午後5時まで)」の関係である。

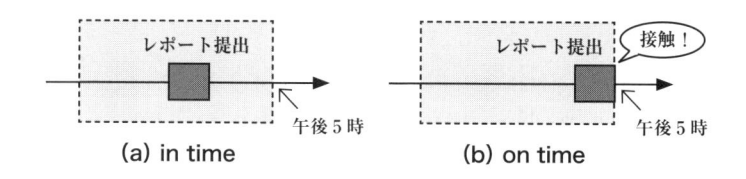

```
   レポート提出                          レポート提出  接触！
━━━┿━━━━━━┿━━━▶           ━━━┿━━━━━━┿━━━▶
            午後5時                              午後5時
    (a) in time                      (b) on time
```

3.5節で見たように、**in**は「**入れ物の中にものがある**」という位置を表す。それを時間軸上に当てはめると、「締め切りに間に合う時間」という入れ物の中に、「エリックのレポート提出」という出来事がすっぽり入ることになる。したがって結果的に、締め切りに十分余裕をもってレポートを提出した、ということになる。

一方で、onは「〜の上」だが、これも3.6節で見たように、**on**で大事なのは「**接触**」しているということだ。これを時間軸上に当てはめると、「締め切りの時間(5時)」と「エリックのレポート提出」が接することになる。したがって、「レポートを時間ギリギリに提出した」ということになる。

これに関連して、前置詞onは「〜するとすぐに……」という意味でも使われる。このときも、2つの出来事が接しているのでonが使われるのである。

(3) On his arrival, we started the meeting.
(彼が到着してすぐに、私たちは会議を始めた)

(4) On hearing the news, he rushed to the station.
(そのニュースを聞くとすぐ、彼は駅へ走って向かった)

このように、1つの前置詞にはたしかにいろいろな意味がある。覚えるのが大変、と思うかもしれないが、ランダムにいろいろな意味があるわけではない。もとの「位置」のイメージから連想できるものはかなり多いはずだ。

3.8

こちらもチェック→ 5.18

The policeman shot the robber と
The policeman shot at the robber

本当に撃たれたのはどっち？

3.5節で見たように、前置詞の **at** は「**点**」のイメージをもっている。もう1度、例文を見てみよう。

(1) The train arrived at Kyoto.　　　　　　（電車が京都に到着した）
(2) He found a new shop at the corner of the street.
　　　　　　　　　　　　　　（彼は通りの角に新しい店を見つけた）

いずれも、場所を「点」のようにピンポイントで指し示したいときに、at が使われている。

その意味から派生して、at は「**〜めがけて**」という意味で使われることがある。あたかもダーツで、ボードの中心点をめがけて矢を投げるようなイメージだ。

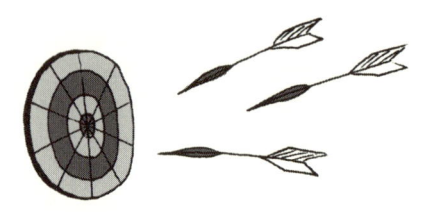

この「〜めがけて」の at を使った表現を見てみよう。

(3) John threw the ball **to** his father.
(4) John threw the ball **at** his father.

どちらの文も、「ジョンはお父さんにボールを投げた」という意味だが、どんな場面で使われるかが違っている。(3)は、お父さんが受け取れるよ

うにボールを投げている、ほほえましい親子のキャッチボールの光景だ。「ジョンがお父さんにボールを投げた」といって連想するのは、普通はこんな場面だろう。

しかし、(4)のatを使った方は、「お父さんめがけて」ボールを投げた、ということになってしまう。これはもはや、ほほえましいキャッチボールの場面ではない。「親父、勉強しろって最近うっせーんだよなー、マジムカつく」などと思いながら、植木の手入れをしているお父さんの背中めがけてボールを投げつけたような、不穏な空気のただよう文になってしまう。そして、お父さんがツイていなければ、本当にボールが当たってしまうかもしれない。

さらに、次の2つの文を比べてみよう。どちらも「警察官が泥棒を銃で撃った」だが、atがあるかないかで微妙な違いがある。

(5)　The policeman shot the robber.
(6)　The policeman shot at the robber.

(5)の方は、本当に泥棒が撃たれているが、atを入れた(6)の方は、「泥棒めがけて」発砲した、ということになる。したがって、警察が泥棒の足元をねらって威嚇射撃するなど、弾丸が泥棒に当たらなくてよい。そのため、次のような違いが出る。

(7)　The policeman shot the robber dead.
(8)　×The policeman shot at the robber dead.

文の最後にdeadをつけて、「泥棒が撃たれて死んだ」といえるのは、atのない(7)だけである。atがある場合、泥棒が実際に撃たれたかどうかはわからないので、「死ぬ」とまではいえないのだ。

ちなみにこの前置詞at、発音の特性上、かなり聞こえにくくなりがちだが(aの音は前の単語の終わりにくっつき、tの音は消えてしまうので)、これがあるとないとでは、こんなふうに大きく意味が違ってしまう。「たかがat、されどat」だ。

3.9 I saw Mt. Fuji と I looked at Mt. Fuji

こちらもチェック→ 5.18

富士山を見たくて見たのはどっち？

　三浦さんは生粋(きっすい)の日本人男性だが、日本人離れした濃い顔立ちのため、国内にいながらにしてよく外国人に間違われる。

　ある日のこと、新幹線で大阪から東京に向かっていた三浦さん、ポカポカ陽気も手伝って、窓際の座席でウトウトとしていた。

　すると、隣の席に座っていた若い女性が、三浦さんの肩をトントンと叩いた。ひょっとして隣の人に寄りかかって迷惑をかけたかと、驚いて目を覚ました三浦さんだったが、女性は微笑みながら窓の外を指さし、こういった。

　「……ふ、じ、さ、ん！ (^o^)/」

── 明らかに、「外国人へ親切に教えてあげている」風のいいかただ。確かに、これだけ富士山がきれいに見えるのも珍しいかも、と三浦さんは思ったが、終点の東京まで外国人のフリを続けるはめになった。

　さて、このとき、三浦さんは富士山を見たわけだが、英語でそれをいうとどうなるだろう。「見る」という動詞には2通り考えられる。

(1)　He saw Mt. Fuji.
(2)　He looked at Mt. Fuji.

(1)の動詞 **see** は、どちらかといえば「**見えた**」の意味に近い。つまり、「とくに見ようとしていなかったけれど、視界に入ってきた」場合である。もし三浦さんが、車窓の風景をボーッと眺めていて、ふと富士山が見えてきたのであれば、He saw Mt. Fuji だろう。

　その一方で、(2)の **look**（at ～）は、「**見ようと思って見る**」、つまり、「自分で視線を向ける」場合である。三浦さんは、隣の女性に叩き起こさ

れ、わざわざ視線を富士山に向けたわけなので、どちらかといえば He looked at Mt. Fuji という状況である。

　ほかにも look の用例を見てみよう。いずれも、みずから何かに視線を向けていることがわかるだろう。

　　(3)　Look at page 80.　　　　　　　　（80ページを見て下さい）
　　(4)　I looked for the wallet.　　　　　（財布を探した）
　　(5)　I looked up at the sky.　　　　　（空を見上げた）

「見る」を意味する動詞の see と look のコントラストは、「聞く」についても当てはまる。英語では hear と listen（to 〜）の2通りの動詞があるが、**hear は「聞こうとしなくても耳に入ってくる」**こと、**listen は「自分で聞こうとして耳を傾ける」**ことである。したがって、(6)は「どこからともなく音楽が聞こえてきた」、(7)は「自分で楽しんで音楽を聞いた」になる。

　　(6)　I heard the music.
　　(7)　I listened to the music.

このように、同じ「見る」「聞く」でも、わざわざ自分でそうしようとしているかどうかによって、英語は動詞を区別するというわけだ。

　ちなみに、「誰かが〜するのを見た（聞いた）」ということを表すのに、英語では次のようないいかたをする。

　　(8)　I saw a stranger enter my house.
　　　　　　　　　　　（見知らぬ人が家に入っていくのを目にした）
　　(9)　I heard her go out.　　　（彼女が出ていく物音が聞こえた）

この場合も、誰かが何かをするのを、意図せずふと目に（耳に）しているので、動詞は see と hear が使われるのである。

3.10

You're bored と You're boring

いわれて傷つくのはどっち？

　壇ふみのエッセイ集、『ありがとうございません』のなかに、こんなエピソードがある。英会話学校でネイティブの先生の個人レッスンを受けていたが、英語力不足でなかなか会話が弾まない。その先生が帰国することになり、今日が最終レッスン。こんな私と話をしていても面白くなかっただろう……と思い、「退屈でしたよね？」というつもりで You're boring といったら、先生が激怒して教室から出て行ってしまった、という。先生はなぜ怒ってしまったのだろう？　彼女は何というべきだったのだろう？

　感情や気持ちを表す動詞は、日本語と英語で対照的だ。日本語なら「(花子は)驚く・喜ぶ」というように、その感情をもつ人を主語とする。一方で英語では、**感情の「原因」となるものを主語とする、「～させる」系の動詞が圧倒的多数である。**例えば、

　　surprise(驚かせる)、please(喜ばせる)、excite(興奮させる)、
　　disappoint(がっかりさせる)、thrill(ドキドキさせる)、
　　embarrass(当惑させる)

そのため英語で「驚く」というとき、回りくどいようだが、すべて「驚かされる(be surprised)」という受け身のいいかたにしないといけない。例えば、

(1) I was surprised to hear the news.
(そのニュースを聞いて驚いた)
(2) Sarah was pleased with the birthday gift.
(サラはその誕生日プレゼントに喜んだ)
(3) John was embarrassed in front of many people.
(ジョンは大勢の人の前できまりが悪かった)

(1)から(3)は、感情をもつ「人」を主語にしているが、逆に、(4)から(6)のように、その感情の「原因」になるものを主語にすることもできる。その場合、動詞は〜ing の形になる。

(4) The news was surprising.
(そのニュースは驚くべきものだった)
(5) The gift was pleasing. (そのプレゼントは嬉しいものだった)
(6) That was embarrassing. (それはきまりの悪くなるものだった)

壇ふみの使った動詞 bore も、ご多分にもれず、「退屈させる」という「させる」系だ。そのため、彼女が最後にいった You're boring は、「あなたは退屈させる人ね」、すなわち「つまらない人ね」という意味になってしまう。こういわれて、先生が激怒して部屋を出ていったのも無理はない。「退屈しているでしょう」といいたいのであれば、正解はもちろん、You're bored だ。壇ふみ自身にとっても、この出来事はかなり depressing(落ち込んでしまう)だったにちがいない。

3.11

こちらもチェック→ 5.1 5.18 1.17

I moved the chair と
I made the chair move

直接動かしたのはどっち？

大学には交換留学という制度がある。留学を希望する学生は、志望の動機を英語で書いて提出しなければいけない。そのなかでよく見かける表現の1つが、I want to make myself grow――「私は、自分自身を成長させたい」。りっぱな志望動機だ。でもその英語は、ちょっとぎこちない感じがする。

というのも、英語の grow には、「〜が成長する」という**自動詞**の使い方に加え、「〜を成長させる」という**他動詞**の使い方もあるから、この場合はシンプルに I want to grow myself で十分なのである。

実際に、英語には、同じ形で他動詞と自動詞の両方の使い方をする動詞がわりとある。例えば、

(1) a. I opened the window. （私は窓を開けた）
   b. The window opened. （窓が開いた）
(2) a. I melted the chocolate. （私はチョコレートを溶かした）
   b. The chocolate melted. （チョコレートが溶けた）

日本人の学生が grow myself ではなく make myself grow といってしまうのは、おそらく日本語からの影響だろう。日本語では「成長する→成長させる」「動く→動かす」のように、自動詞を基本にして他動詞をつくることが多いので、英語を使うときにも同じように自動詞を基本にしがちになる。さらに「自分自身を成長させたい」という日本語から、「〜させる＝使役動詞の make」と連想がはたらき、I want to make myself grow という英語ができあがるのである。

とはいえ、「make + 目的語 + 自動詞」がいつも間違いというわけではない。むしろその方が適切なこともある。次の例を見てみよう。

(3) a. I moved the chair.
b. I made the chair move.

(3)の文は、どちらも「私はいすを動かした」の意味になる。そしてやはり、(3a)の方が普通のいいかたであり、普通の状況である。

それに対して(3b)の made the chair move は、普通にいすを動かしたのではない。例えば念力で動かしたり、特殊な装置を仕掛けてあってボタン操作で動かしたりと、直接手を触れずに動かすようなケースである。つまり、moved the chair ではなく回りくどく made the chair move というのは、現実にも回りくどく間接的にいすを動かしている状況である。

似たような例をもう1つ見てみよう。どちらも「彼女を殺した」の意味である。

(4) a. He killed the woman.
b. He caused the woman to die.

(4a)は、彼女に直接手を下して殺した(いわば普通の)場合である。(4b)は、例えば毒ヘビに彼女をかませて、毒がまわって10日後に亡くなったなど、やはり「回りくどく」殺したような場合となる。

このように、**同じことをいうのに2通りの表現が考えられるとき、その2つがまったく同じ意味合いで使われることはない**。そして、2通りのうち普通でない方は、やはり「普通でない状況」を指すことになる。したがって、普通でない方を使おうとするときには、それを使うだけの理由がちゃんとあるか、考えてみないといけない。

3.12

こちらもチェック→ 5.14

She baked him a cake と
She baked a cake for him

代わりに焼いてあげたのはどっち？

　明日はいよいよバレンタインデー。気になっている宏樹にプレゼントするため、恭子は頑張ってチョコレートケーキを焼いた。彼、このケーキ喜んでくれるかな……。不安と期待に胸ふくらませながら、恭子は材料を混ぜ合わせ、オーブンの中に入れた。

　こんな状況を英語でいうなら、Kyoko baked him a cake(恭子は彼にケーキを焼いた)となる。これは2つの目的語(himとa cake)をとるので、「**二重目的語構文**」ともよばれている。SVOOの第4文型と習った人もいるだろう。こんな文が典型的だ。

(1)　Kyoko gave him a dictionary.　　　(恭子は彼に辞書をあげた)
(2)　Kyoko sent him a letter.　　　　　(恭子は彼に手紙を送った)

この構文にはおもしろい特徴がある。それは、1つめの目的語に表された人(him)が2つめの目的語で表されたもの(a dictionary, a letter)を**受け取る**ということだ。

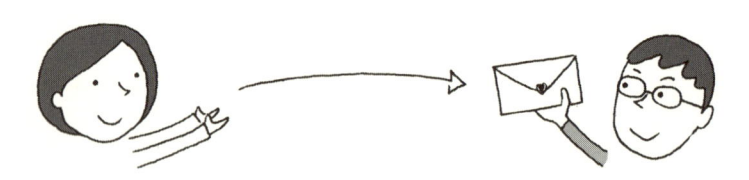

Kyoko sent him a letter.

そのため、次のように、「送ったけど、相手が受け取らなかった」というのにこの構文を使うと、矛盾しておかしくなってしまう。

(3) ??Kyoko sent him a letter, but he didn't receive it.

では、「送ったけど、相手が受け取らなかった」といいたいときは、どうしたらいいだろう？ そこで思いつくのは、**前置詞 to を使った書き換え**だ。こちらは単に、誰かに向けて送っただけなので、その相手が受け取らなくてもかまわない。

(4) Kyoko sent a letter to him, but he didn't receive it.

さて、はじめの Kyoko baked him a cake に戻ろう。このとき、恭子はケーキを焼いただけで、まだ彼に渡してはいない。でもここで大事なのは、恭子が「彼に**受け取ってもらうつもりで**」ケーキを焼いた、ということなのだ。

そしてこの文も、前置詞を使った書き換えができる。このときは、「彼のために」ということなので、前置詞は for（**〜のために**）を使う。

(5) Kyoko baked a cake for him.

(5)のような for を使った書き換えは、彼へのプレゼントに限らず、とにかく「彼のために」なっていればいい。例えば、家庭科でケーキを焼く課題が出たが、ケーキ作りが苦手な彼に代わって焼いてあげた、という場合でも、彼のためになっているので、Kyoko baked a cake for him といえる。この点では、for を使った文の方が守備範囲が広いし、同時に、指している状況が何通りにもとれるといえる。

そんなわけでバレンタインデー前日の恭子は、宏樹に受け取ってもらうことを思い浮かべながらチョコレートケーキを焼いたので、She baked him a cake というのにぴったりなのである。手作りのチョコレートケーキが効果抜群でありますように……Wish her luck!（彼女に幸運あれ……これも二重目的語構文！）

3.13

May I go to dinner? と
May I come to dinner?

相手の家に行きたいのはどっち？

　章子の家では以前から、ホストファミリーとして留学生を受け入れている。今は、大学の寮に住んでいるブラントを週末に家へ招き、一緒に食事をしたり、観光に連れて行ったりしている。

　初めはお箸を持つ手もあぶなげだったブラントだが、今ではすっかり慣れ、章子の家で出してくれる日本食が大好きだ。大学の学食で食べられるのは、カレーやラーメンばかりになってしまうのだが……。

　ある日、英語の質問のあった章子は、ブラントに電話をした。ついでにいろいろ話をしていると、話題はその日の夕食に。「うちは今晩、おでんなんだ」と章子がいうと、ブラントはうらやましそうにいった。

　　　'Oden ... feel like eating it! May I come to dinner?'
　　　（おでん、僕も食べたくなってきたよ。夕食に行ってもいい？）

章子は Of course, you should come!（もちろん、来て来て！）と返事をし、じゃあまた後で、と電話を切って、ふと思った。今、ブラントも私も come を使っていたけど、同じでいいの？　私から見たらブラントは「うちに**来る**（come）」のだから、ブラントから見たら「章子の家に**行く**（go）」のでは？

　章子の疑問はもっともである。が、ブラントの英語が間違っていたわけでは（もちろん）ない。

　英語でも日本語でも、「行く（go）」と「来る（come）」は反対方向の移動だ。「行く」は、「**自分が今いるところから、どこか離れた場所への移動**」であり、「来る」は、「**どこか離れた場所から、自分が今いる場所への移動**」である。

第3章　英語の意味、どっちが正しい？

そうなると確かに、ブラントは章子の家に「行く」はずだ。ところが英語ではおもしろいことに、相手のところへ行きたいという気持ちのあまり、そちらへ先に**視点だけがバーチャルに移ってしまう**のだ。

ブラントはまだ章子の家には行っていないにもかかわらず、気持ちはもう章子の家に行ってしまっているのだろう。そのため、ブラントの視点はバーチャルに章子の家に移ってしまっており、そこから自分の移動を眺めると、「自分が章子の家へ「来る」(come)」となるのだ。

同じように、お母さんに「ごはんできたわよー」と呼ばれたとき、日本語なら「今行くよー」と答えるが、英語なら I'm coming となる。視点が先にお母さんの方へ移ってしまっているいいかただ。

では、もしブラントが May I go to dinner? といったらどうだろう？ これは、相手のいる場所とは関係なく、単にレストランなどで外食したいという意味になる。May I come to dinner? と come を使うのは、相手のいる場所へ行きたい！ という気持ちの表れでもあるのだ。

3.14

こちらもチェック→ 5.11

Father sprayed the paint onto the wall と Father sprayed the wall with the paint

壁一面なのはどっち？

　私たちは、1つの文で、「誰が何をどうしたか」という1つのストーリーを描く。その中にはいくつかの登場人物が出てくるが、主人公になれるものもあれば、脇役にしかなれないものもある。

　I read the book in the library(私は図書館で本を読んだ)という文を例に考えてみよう。登場するのは「私」と「本」と「図書館」だ。中心となる主人公は、主語の「私」と目的語の「本」だろう。一方で、前置詞を使って表されている「図書館」は、どちらかといえば脇役だ。実際、I read the book というように、in the library を省略してもストーリーは成立する。

　英語では時々、主人公になったり脇役になったりと、役柄が交替することがある。次の文を見てみよう。

(1) Father sprayed the paint onto the wall.
(2) Father sprayed the wall with the paint.

どちらも意味は「お父さんがペンキで壁を塗った」だが、(1)は「**ペンキ(paint)**」を、(2)は「**壁(wall)**」を、目的語という主人公のひとつにしている。こんなふうに役柄が入れ替わられるのは、「ペンキ」が主人公のストーリーと、「壁」が主人公のストーリーの2つをつくることができるからである。

　まず、(1)の「ペンキ」が主人公のストーリーを見てみよう。ペンキは、塗られることで、お父さんの手元のペンキ缶の中から壁へと移っていく。つまり、「**ペンキが移動する**」のが、ペンキを主人公にした場合である。

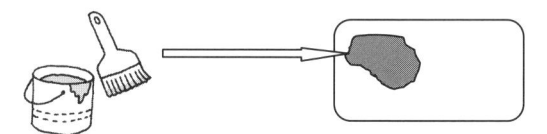

第 3 章　英語の意味、どっちが正しい？

Father sprayed the paint onto the wall.

その一方で、(2) の「壁」が主人公のストーリーは、ペンキを塗られることで**「壁」が元の色から違う色へと変わる**、という筋書きだ。

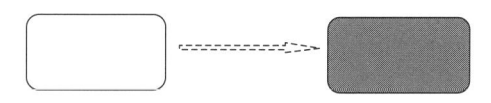

Father sprayed the wall with the paint.

実は、「壁」を主人公に抜てきするには、少し条件がいる。「うわ〜壁が前とは全然違う！」というように、壁に注目するための理由が必要なのだ。壁をほんの一部分だけ塗り替えても、あまり変わり映えがないが、もし壁をすっかりすべて塗ったのなら、前とかなり変わって見えるはずなので、注目を集めるはずだ。そのため、「壁」を主人公にした(2)は、ことばではっきり「全部」とはいっていなくても、「壁を**全部**塗った」ことがわかるのである。

一方で、「ペンキ」を主人公にするのにとくに条件はない。ペンキが壁へ移動しさえすればいいので、ちょっとだけ塗った場合でも、全部塗った場合でも OK だ。

そんなわけで、「壁をペンキで塗る」は spray the paint onto the wall でも spray the wall with the paint でもよいが、壁をすべて塗ったと確実にわかるのは、「壁」を主人公にしている spray the wall with the paint である。

117

3.15

こちらもチェック→ 2.2　5.20

If you are American ... と
If you were American ...

アメリカ人でないのはどっち？

　高校の英語の授業で、留学生のベスが「日本の茶道を体験してみたい」といったのを聞いて、茶道を習っている洋子は、ベスをお点前に招待した。「私のやる通りにやったら大丈夫だから！」と。

　狭い入口を窮屈そうに通り抜け、茶室に入ったベス。畳の上にもちろん、いすはない。洋子にならって正座しようとするが、どうしてもできない。あ、そうかと洋子は気づき、ベスに「楽に座ってもいいですよ」とささやいた。しかし、長い足をひとり投げ出して座るのも、ベスにとって居心地が悪かった。

　お点前の後、洋子が「ごめんなさい、正座ができないこと、つい忘れていて……」と謝ると、ベスはこう答えた。

　　　'Don't worry. If you were American, you couldn't sit that way!'

これを聞いて洋子は考えこんだ。If you were American ... って？ were は be 動詞の過去形だから、「あなたが昔、アメリカ人だったなら」ということ？ でも、昔も今も私は日本人だし、一体どういうこと？

　さて、ここで思い出さないといけないのは、「**If＋過去形**」が「**仮定法**」という使い方で、過去を表しているわけではない、ということだ。まず、この仮定法がどんな形をしているか、見ておこう。

第3章　英語の意味、どっちが正しい？

(1)　If ＋動詞の過去形〜, 主語 ＋ {would/could/might} ＋ 動詞〜……

この仮定法、いつ使うかというと、「**現実ではあり得ない**けど、もし……」というモードになっている時だ。どれだけのあり得なさかというと、例えば次のような感じである。

(2)　If I were a bird, I could fly to you.
　　　　　　　　（私が鳥なら、あなたのところへ飛んで行くのに）
(3)　If I were you, I wouldn't say such a thing.
　　　　　　　　（私があなたなら、そんなことはいわないだろう）

こんなふうに、仮定法は「現実にあり得ないこと」や「現実とは逆のこと」を考えているモードなので、ifの中身の逆にすれば、ひっくり返って「現実」がわかる。次の文を見てみよう。

(4)　If I were a boy, I would go out with Melissa.
　　　　　　　　（私が男の子なら、メリッサと付き合うだろう）

これは「絶対にあり得ないけど、もし私が男の子なら……」という意味になる。したがって、「私」の性別は「女性」とわかるわけだ。（なお、(4)で主語がIなのにwasではなくwereになっているのは間違いではない。仮定法では基本的に、wasの代わりにwereを使うことになっている。）

では、ベスが洋子にいったIf you were American, you couldn't sit that wayをもう1度考えてみよう。この文は、まさに仮定法の形をしているので、「（絶対にあり得ないんだけど）あなたがアメリカ人なら、そんなふうには座れないわ」といっているのだ。

もちろん、if〜の中が普通の現在形になることもある。アメリカの空港でIf you are American, show your passport here（アメリカ国籍の人は、ここでパスポートを提示して下さい）といわれたとしたら、単に「アメリカ人ならばここ、それ以外の国の人ならばあちらで」という「条件」をいっているだけになる。

3.16

Could be better と
Couldn't be better

絶好調なのはどっち？

前の話に出てきた「**仮定法**」。もう1度、おさらいしておこう。

 (1) If +動詞の過去形〜, 主語 + {would/could/might} + 動詞〜……

英語でこの「仮定法」を使うのは、「**現実ではあり得ないこと**」や「**現実とは逆のこと**」を考えているモードのときだ。

……が、あれ？ どこからともなく、こんな声が……。「でも仮定法なんて、どうせテストにしか出てこないんじゃないの？」「それより、英会話で使える、生きた英語を教えてほしい！」

ところが仮定法、手を変え品を変え、普通の会話で使われまくっている。しかもいきなり、あいさつにだって使われる。こんなエピソードを紹介しよう。

大学生の拓人は、留学生のアダムにばったり会った。

  'Hi Adam, how are you?'

というと、アダムは

  'Couldn't be better.'

と返事をした。それを聞いてとっさに拓人は「better は good の比較級だし、その否定文だから、よくないってことか……」と考え、

  'I'm sorry … take care of yourself.'（かわいそうに……お大事に）

と返したが、アダムは「えっ？」と不可解な顔をした。悲しいことに、こんな短いやりとりの中で、ミスコミュニケーションが生まれてしまっているのだ。アダムの返事について、詳しく見てみよう。

(2) Couldn't be better.

　Couldn't be better は、実は仮定法だ。とはいえ、はじめの(1)に挙げた仮定法の形を全部使っているわけではない。後半の「主語＋|would/could/might|＋動詞〜」の部分、とくにいわゆる**過去形の助動詞**である **could** や **would** のところを使っているのだ。過去形の助動詞 could や would は、仮定法の大きな目印になる。前半の「If 〜過去形」の部分は、表立っては出てこないが、頭の中はやっぱり「現実ではないんだけど……」というモードになっているのだ。

　アダムのいった Couldn't be better は、「**これ以上、よくなりたくてもなれない**」、つまり「**最高によい**」という意味だ。今日の元気度が100%だとして、「(現実には100%元気だから、まず無理なんだけど)これ以上元気になろうと思ってもなれない」という感じなのが、Couldn't be better である。これでは「お大事に」という拓人の返事が完全に的外れなのは一目瞭然だ。

　一方で、(2)を肯定文にしたこんな返事もある。

(3) Could be better.

これは反対に、「調子がいまひとつ」という意味になる。「(現実には今、調子が悪いんだけど)いつもならもっといいはずなのになぁ」という感じだ。これもつい、「調子がよい」という真逆の意味でとりがちなので、要注意だ。

　こんなふうに、助動詞の could は、仮定法の意味合いで出てくることが多い。そのときは「(実際にはしないけど)**やろうと思えばできる**」という意味合いになる。例えば I could swim 10km は、「(実際はやらないけど)泳ごうと思えば10kmぐらい泳げる」という、仮定法っぽい意味である。「昔、10km 泳げた」という過去の意味にするには、I was able to swim 10 km というのが普通である。

　仮定法がわかれば、頭の中が現実とは逆のモードになっていることがわかる。それがわかれば、相手が本当はどんなことをいいたいか、理解できる範囲がぐんと広がるはずだ。

3.17

こちらもチェック→ 2.9 5.2

We must do the job と
We have to do the job

意欲満々なのはどっち？

ふだん日本語でよく使う、「〜しないといけない」というフレーズ。よく考えてみると、次の2つの文はちょっとニュアンスが違っている。

(1) 試合に勝つためには、頑張って練習しないといけない。
(2) 今晩のデートの約束をキャンセルしないといけない。

(1)の方は、試合に勝つという目標のために練習しよう！ と意欲満々な感じがする。でも(2)の方は、別に意欲満々でキャンセルしているわけではない。「本当はキャンセルしたくないけど、上司に残業しろといわれたから、仕方なく……」という感じがする。

英語でも同じように、「〜しないといけない」には2通りあり、それぞれ違った表現をする。次の例を見てみよう。(3)と(4)は、(1)と(2)におおむね意味が対応している。

(3) We must work harder in order to win the game.
(4) I have to cancel the appointment with my girlfriend tonight.

助動詞の **must** は、話し手自身が強く「〜しないといけない」と使命感に燃えていることを伝達する。それに対して **have to** は、話し手自身はそうしたくないけれど、やむをえない事情により、ということを伝達する。つまり、

(5) **must ＝話し手の意志；have to ＝状況や事情**

から、「〜しないといけない」ことになっているのである。次の例を見てみよう。

(6) You must apologize to him.

(7) You have to apologize to him.

どちらも「あなたは彼に謝らないといけない」という内容だが、mustを使った(6)は、話し手が「あなたは謝るべきだ」と思っていることになり、どちらかといえば「謝りなさい」と命令しているような、強い口調になる。それに対して、have toを使った(7)は、「この状況から考えると、謝らざるを得ないね」というような、少々やんわりとしたいいかたになる。

では、外資系企業で営業部第2課の本町係長、部下にアピールするためにはどちらをいえばいいだろう？

(8) We must do the job.
(9) We have to do the job.

(8)ならば、「この仕事をやるのがわれわれのミッション！」という本町係長の熱さが伝わってくる。しかし、(9)をいうと、「本当はやりたくないけど仕方ないから……」という、気弱な係長になってしまう。

さらに、mustとhave toをそれぞれ否定文にすると、まったく違う意味になるのもおもしろい。**must not**は、「〜してはいけない」という、話し手による禁止になるし、**do not have to**は「〜するような状況ではない」、つまり「**〜しなくてもよい**」という意味になるのだ。

(10) You must not stay here.　　　　　（ここにいてはいけない）
(11) You don't have to stay here.　　　（ここにいなくてもいい）

そんなわけで、mustとhave toは「いいかえ可能」だとよくいわれるが、実際にはなかなかいいかえることができないのが現実だ。

3.18

I lost my cell phone と
I have lost my cell phone

今もないことがはっきりしているのはどっち？

　ない……ない……バッグをひっくり返して探しても、携帯電話がない！ 恵は青ざめた。命の次に大事な携帯なのに……！ ひょっとして、さっきの居酒屋に忘れてきたのかな……今日はかなり酔っぱらっちゃったからな……。

　翌日、大学の授業後、前日の居酒屋に行ってみると、恵の携帯電話がちゃんと保管されていた。あーよかった……。お礼をいってその場を後にし、携帯電話を見てみると、イギリス人の友達・ミリアムが何度か電話をかけてきていたので、すぐにコールバックした。

　'Megumi, what happened? I called you several times last night.'
　　　　　（恵、どうしたの？　昨晩、何度か電話したのよ）
　'Sorry Myriam … actually, I have lost my cell phone.'
　　　　　（ごめんね、実は携帯なくしちゃったの）
　'Really? But now you're speaking with yours?'
　　　　　（本当？　でも今は自分の電話で話してるよね？）
　'Of course, I just found this in the bar!'
　　　　　（もちろん、さっき居酒屋で見つけたの！）

このやりとりの中で恵は、「have + 過去分詞」の「現在完了形」を使って I have lost my cell phone といったが、ミリアムの反応からすると、どうもちょっと微妙だ。

　まず、次の文を比べてみよう。(1)は普通の過去形、(2)は現在完了形を使っているが、どちらも「携帯をなくした」という事実は同じだ。

(1) I lost my cell phone.　　(2) I have lost my cell phone.

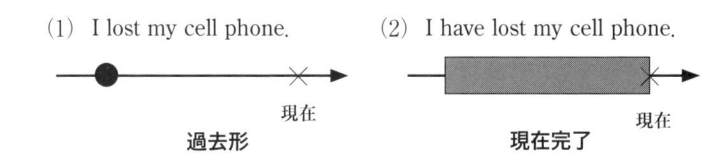

　　　過去形　　　現在　　　　　　現在完了　　　現在

過去形は「過去のあるポイント」を指す一方、**現在完了形**は「**過去から現在**」という、幅のある時間を表す。したがって、(1)は単に「携帯電話をなくした」という過去の出来事だが、(2)は「携帯電話をなくして、その状態が今も続いている(つまり、今もない)」ことになる。そのため、自分の携帯が手元にあるにもかかわらず、恵が I have lost my cell phone といったのは、矛盾していたのだ。

「現在完了形には、継続・経験・完了・結果の用法がある」と習った人もいるだろう。この4つは、一見すると共通点がなさそうだが、実はどれも「過去から現在」という幅のある時間を指している。(3)の「継続」はまさに「過去から現在までずっと」だし、(4)のように「経験」について語るには、生まれた時から今までを振り返らないといけない。

(3) I have lived here for ten years.　　(ここに10年間住んでいる)
(4) I have visited Kyoto twice.　　(京都は2度訪れたことがある)

ちょっと微妙なのが、「完了」「結果」といわれる使い方だ。次の(5)は、「宿題が終わった結果、今ほっとしている」という意味合いがある。

(5) I have finished my homework.

「宿題終わったー!」という解放感が持続するのは、終わって1、2時間ほどか、せいぜいその日いっぱいだろう(よほど大変な宿題なら、3日ほど余韻に浸るかもしれないが)。この場合はさほど遠い過去ではないので、時間の幅は狭いのだが、いちおう「過去から現在」のほっとした状態を指しているのだ。

3.19

こちらもチェック→ 5.13

I get up at six every morning と
I'm getting up at six every morning

習慣になっているのはどっち？

カメラで風景を撮影するとしよう。向こうに森が見えている。あなたならどんなふうにこの森を撮影するだろう？ 方法は2通りある。

(a)遠望　　　　　　　(b)ズーム

1つは(a)のように、レンズを望遠にして森全体を入れ、1本1本の木が全部入るように撮る方法だ。もう1つは(b)のように、ズームして1本の木だけを選んで、葉や枝ぶりなど、細部をアップにして撮る方法だ。どちらで撮るかはカメラの設定次第で、自由自在である。

英語でも同じように、「望遠」か「ズーム」かの違いが出ることがある。その1つが、おなじみの**現在形**と**現在進行形**だ。

(1) I play tennis with Ken.
(2) I am playing tennis with Ken.

このとき「撮影」するのは、動詞の意味する動作(テニスをする、歩く、勉強する、など)である。**現在形**は「望遠」タイプで、**動作の全体**を撮影する。一方、**現在進行形**は「ズーム」タイプで、**動作の途中**だけをアップで撮影する。

(2)の現在進行形の I am playing tennis with Ken は、「テニスをしている途中」、つまり、「テニスをしている真っ最中」となる。また、

現在形　　　　　　　　　　　　現在進行形

「途中」ということは、「まだ終わっていない」ということなので、この後まだしばらくテニスを続けるのだろう、ということもわかる。

では、動作の全体を撮影する「現在形」はどんな時に使うのだろう？これは、木が立ち並ぶ森と似ていて、「同じ動作がずっと並んでいる」様子、典型的には「毎日同じことをやっている」という、日々の**習慣**を表す場合に使う。

(3)　I get up at six every morning.

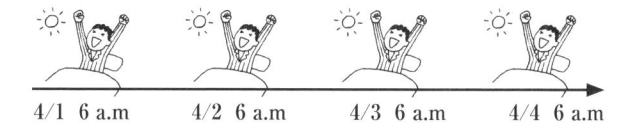

4/1 6 a.m　　4/2 6 a.m　　4/3 6 a.m　　4/4 6 a.m

(3)では、「6時起き」が1本1本の木で、それが毎日規則正しく連なっているのを、望遠で写しとっているイメージだ。したがって、(1)のI play tennis with Kenも、「いつもケンとテニスをしている」という、日々の習慣をいっていることになる。

実は、(3)の文は、次のように現在進行形にすることもできる。

(4)　I'm getting up at six every morning.

現在進行形は「途中」をズームするので、(4)は「6時起きが習慣になるまでの途中段階」になる。例えば、早朝のバイトを始めたから6時に起きるようにしているけど、まだ習慣になっていなくて、やっとの思いで起きている、そんな感じだ。もしこれが慣れてきて、目覚ましなしでも6時にパッチリ目が覚めるようになれば、文句なく現在形でI get up at six every morningだ。

3.20

This train will arrive at Tokyo と
This train is arriving at Tokyo

もうすぐ着くのはどっち？

　カメラの「ズーム」の話をもう少し続けよう。何かを撮影するのに、ズームで撮りやすいものとそうでないものがある。動物園で象を撮影するとしよう。象は大きいので、至近距離から望遠で全体を撮ろうとするのは大変だが、象の目だけ、鼻だけ……と、一部分をズームで写すことはできる。では、庭でアリ1匹を撮影するとしたら、どうだろう？　アリの触覚だけ、足だけを写すには、かなりの高倍率ズームでないといけない。つまり、あまり小さいものだと、ズームして一部分をアップで写すことができないのだ。

　同じことが「ズーム」タイプの**現在進行形**にもいえる。I am playing tennis with Ken のように、「テニスをする」という動作ならば、30分間なり1時間なり、それなりの時間の長さがあるので、その「途中」にズームするのは簡単だ。でも、動作によっては、時間のかからないものもある。「ボールを蹴る(kick the ball)」「東京に到着する(arrive at Tokyo)」といった動作や出来事は瞬間的だ。こうしたものはどうなるのだろう？

　おもしろいことに、瞬間の動作を表す動詞を進行形にすると、なんとか「途中」にズームできるよう、いろんな拡大解釈が起こる。

　まず、次の文を考えてみよう。

(1)　He is kicking the ball.

「ボールを蹴る」のは一瞬の動作だ。その「途中」にズームするにはどうしたらいいだろう？　ボールを蹴っているところを録画してスロー再生し、途中で一時停止するということも考えられる。しかし、どちらかといえば自然なのは、ボールを1度だけ蹴るのではなく、「**何度も繰り返し**

てボールを蹴り続けている」というように、「蹴る」という動作を拡大して、その途中にズームする方法である。

では、次の文はどうだろうか。

(2) This train is arriving at Tokyo.

新幹線が東京に到着するのは「8 時 15 分」など、時間的には一瞬のはずなので、その「途中」にズームするのは至難の技だ。kick の場合とも違って、「この電車が繰り返し東京に到着している」とみなすのも不自然である。

そこでこの場合、arrive をその**準備段階**まで拡大して解釈する。新幹線が東京駅に着く前にはかなり減速されるので、「あぁもう到着の態勢に入ったなぁ」と感じる人もいるだろう。こんなふうに、東京駅に到着する前の「準備段階」から実際に到着するまで、arrive の指す範囲を引き延ばすのである。そうすることで、「途中」にズームすることができる。

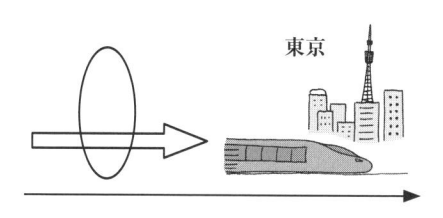

その結果、This train is arriving at Tokyo は「もう準備段階に入っているので、間もなく東京に着く」というように、「**近い未来**」を指すことになる。未来のことなら This train will arrive at Tokyo でももちろんよいが、現在進行形の This train is arriving at Tokyo の方が、もうすぐ着きそうだということがはっきりわかるのである。

さらに学びたい人のために

■ デニス・キーン・松浪有『英文法の問題点：英語の感覚』研究社 1969 年

今から 40 年以上も前、デニス・キーン氏が日本の大学で教壇に立っていたとき、学生の英語が（あるいは、日本での英語の授業が）どこかおかしいと感じて書いたのが、この指南書である。本当に使える英語を身につけるには、英文法を丸暗記するのではなく、根底にある英語の「感覚」をつかむことこそが大事なのだというキーン氏の教えは、今なお色あせることなく、多くの学習者を魅了し導いてくれている。

■ マーク・ピーターセン『日本人の英語』岩波新書 1988 年

「上野動物園のパンダ」は英語で the pandas of Ueno Zoo、Ueno Zoo's pandas、それとも Ueno Zoo pandas？ 日本人にはなかなか意識できない、微妙な意味の違いに目を開かせてくれる 1 冊。英語を母語とする著者がこれほど自然な日本語で書き下ろしているのも、英語学習者である私たちにおおいに励みになる。同じ著者による『続・日本人の英語』や『心にとどく英語』（岩波新書）などの続編もおもしろい。

■ 池上嘉彦『「する」と「なる」の言語学：言語と文化のタイポロジーへの試論』大修館書店 1981 年

英語は「する」的言語、日本語は「なる」的言語である、という位置づけから、日英語の違いを体系的に眺望する 1 冊。We're going to get married in June は、日本語ならば「私たち、6 月に結婚することになりました」という方が、「6 月に結婚します」よりも自然に響く。これは日本語が「なる」的であるひとつの証拠である。こうした違いは、物事をどのように捉えるかという、文化の（あるいは認知の）問題である。専門書ではあるが、日英語の違いをより深いところで知りたい人は、ぜひ手にとっていただきたい。

■ 池上嘉彦『＜英文法＞を考える：＜文法＞と＜コミュニケーション＞の間』ちくま学芸文庫 1995 年

副題にある「文法」と「コミュニケーション」、多くの人にとってはかけ離れたものではないだろうか。その間をつなぐものが、ことばの「意味」である。とくに興味深いのは、文の意味をその 1 文だけで捉えるのではなく、それが発せられる場面や状況などを幅広く射程に入れている点だ。何かを誰かに「伝達」するのが言語の本質であることを、あらためて気付かせてくれる。

■ 石田秀雄『わかりやすい英語冠詞講義』大修館書店 2002 年

冠詞を a にするか the にするか、そもそも冠詞がいるのかいらないのかは、英語学習者にとって攻略すべき最後の砦といえるだろう。この難問を真正面から受け止めているのが同書である。中学校の教科書にも載っている例を使いながら、講義を受けている学生に語りかけるように、丁寧に解説されている。見た目はささやかな冠詞が、実際には多くの情報を担っていることを知ると、「冠詞、あなどりがたし！」と畏敬の念さえ抱きそうである。

■ 久野暲・高見健一『謎解きの英文法　文の意味』くろしお出版 2005 年

本章で見た She baked him a cake と She baked a cake for him のように、一見すると書き換え関係にあるようでも、それぞれが適切な文として成立するための条件は違う。一方の文はよくても他方の文がいえないのはなぜか、謎解きのように解説が展開されるので、読み進めるうちに問題の奥深さに引き込まれていく。「機能文法」とよばれる理論の代表的な研究者 2 人による、長年の研究成果に裏打ちされた英文法書。

■ 柏野健次『英語助動詞の語法』研究社 2002 年

本章では must と have to の違いに触れたが、こうした「助動詞」の使い方についてより詳しく知りたい人には、この本をおすすめする。個々の助動詞ごとに詳しい観察と説明がある。小説からの引用など、興味深い実例がベースになっているのも特徴である。英文法書の定義だけではなかなかわからない、助動詞の生きた姿がわかる 1 冊である。

■ 谷口一美『学びのエクササイズ　認知言語学』ひつじ書房 2006 年

本章のベースとなっている「認知言語学」のキーワードを、1課につき1つずつ取り上げた教科書。状況をどのようにして捉えるかなど、私たちの心の作用が、ことばにどのように反映されているか、おおまかにではあるが、広く見渡すことができる。言語学を専攻しない学生向けの授業を想定しており、もっとも平易な認知言語学の入門書。

■ アデル・ゴールドバーグ『構文文法論：英語構文への認知的アプローチ』研究社 2001 年

「構文文法」といわれる文法理論の代表書 Constructions: A Construction Grammar Approach to Argument Structure の翻訳。前半は理論に関する内容なので専門性が高いが、後半は具体的な構文を扱っているので、用例を眺めるだけでもいろいろな発見がある。She sneezed the napkin off the table（彼女はくしゃみをしてナプキンをテーブルから吹き飛ばした）, He joked his way into the meeting（彼は冗談をいいながら会議へ入っていった）など、学校英文法では習わない、おもしろい構文や表現が満載である。

■ 瀬戸賢一(編)『英語多義ネットワーク辞典』小学館 2007 年

これは「本」ではなく「辞書」である。が、まるで本のように読みごたえのある辞書である。一般的な辞書は、単語ごとにいくつかの意味を列挙してあるに過ぎないが、この辞書は、1つの単語がもつ複数の意味の「関連性」を示しているのが大きな特徴である。歴史的な意味の変化過程も記されており、1つ1つの語の意味を、奥行きをもって知ることができる。

第4章

英語の音声、どっちが正しい?

この章では、音声学や音韻論の基本的な概念について見ていく。英語の発音や聴き取りをする際のコツなど、実践的な側面を取り上げるとともに、音と綴りの関係、アクセントの法則や音節構造など理論的な側面にも目を向け、英語の音声のしくみへの理解を深める。

4.1

spinach と onion

ポパイが好きなのはどっち？

　皆さんはポパイをご存じだろうか。セーラー服がトレードマークのアメリカまんがの人気キャラクターだ。力が弱ってくると、ほうれん草(spinach)の缶詰を食べ、超人的なパワーを出すのだが、ここで気になるのが、いったいなぜいつも決まってポパイはほうれん草を食べるのか、ということだ。野菜嫌いの子どもたちに対して、母親が「野菜を食べないとポパイみたいに強くなれないわよ」といえるようにするための口実、なんて説もあるようだが……。

　ポパイのお陰でアメリカの子どもたちが野菜好きになったかどうかはわからないが、ポパイが玉ねぎ(onion)ではなく、ほうれん草を好んで食べた背景には、spinach の語感がどうも関係しているようだ。

　一般的に、**言語音を分類する際には、おおまかに子音と母音に分けて考えるが、両者の違いは、肺からの気流に対する閉鎖度合いの違い、と捉えることができる**。すなわち、閉鎖度が強ければ強いほど**「子音らしい」**音であり、逆に、閉鎖が少なければ少ないほど**「母音らしい」**音といえる。試しに「パパパ」と発音してみて欲しい。「パ」の [p] を出すためには、唇のところでいったん呼気を溜めておく必要がある。次に続く [a] の音に移行する際には、口の中の空気を解放し、呼気を阻害することなく音を出す。つまり、「パパパ」はこのような「閉鎖(p)-解放(a)」という子音と母音の組み合わせによる音連鎖ということだ。

　さて、上述のとおり、「閉鎖」が子音の特徴なのだが、実は調音時の閉鎖の度合いによって、子音はさらに「閉鎖度の強い」グループ(日本語のカ行、サ行、タ行、パ行など)と「閉鎖度の弱い」グループ(日本語のナ行、マ行、ハ行、ラ行など)に分けることができる。強い閉鎖を伴って発

音される音は、口のまわりの筋肉の緊張度も高く、また呼気も強いため、「きつい」「強い」イメージを連想させる。逆に、閉鎖を伴わない音は一般的に口のまわりの筋肉の緊張も弱く、呼気もそれほど強くないため、一般的に「やわらかい」イメージと結び付けられることが多い。洗濯洗剤の商品名に閉鎖度の強い音が多用され(例：アタック、トップ)、柔軟剤に閉鎖度の弱い音が多用される(例：ファーファ、レノア)のは単なる偶然ではなく、汚れに対して「強さ」が求められる洗濯洗剤と、フワフワとした「やわらかさ」が求められる柔軟剤とでは、自ずと商品名に使用される音の種類も異なってくるというものだ。

　話をポパイに戻そう。ポパイがなぜ onion ではなく spinach を好んで食べたのか……。もうおわかりのとおり onion にはひとつも「強い」イメージを喚起させる音が含まれていないのに対し、spinach には /s/, /p/, /tʃ/ と３つも「強さ」をイメージさせる音が含まれている。語感上、超人的なパワーの源になりそうなのは、明らかにほうれん草だ。とくに英語の場合、/sp/ の連鎖は、spark(生気、活気)、spout(噴出)、spunky(勇気のある、元気な)、spurt(ほとばしり出る)など、「元気」や「何かを突き破る力」を表す語に含まれていることもあり、より一層「強さ」を連想しやすくしているのかもしれない。

　子どもたちの嫌いな野菜の代表格といえばセロリ(celery)、ニンジン(carrot)、ピーマン(pepper)だが、玉ねぎ同様、いずれも語感の「強さ」からいったらほうれん草にはかなわないということなのだろう……。

4.2 日本語 と 英語

こちらもチェック→ 5.8 3.1

母音の数が多いのはどっち？

「虹の色数は？」という問いかけに対して、皆さんはどのように答えるだろうか。「そんなの7色に決まってるよ」ときっと答えるに違いない。実際、小学校の授業でも、虹の七色は赤、橙（だいだい）、黄、緑、青、藍（あい）、紫だと教わった。しかし、虹の色数は、国や文化により異なっている。例えば、メキシコのマヤ族では黒、白、赤、黄、青の5色、モンゴル族は赤、黄、青の3色としているらしい。以前、授業で文化による虹の色数の違いを取り上げたところ、ある学生が「3色しかない虹なんてあまりきれいではないですね」といったことがある。しかし、実際、目にしている虹そのものはまったく同じで、単にその中にいくつの色を認識するかの違いだけなのだから、日本の虹の方がモンゴル族の虹よりも「きれい」ということはもちろんない。

このように、文化によって虹の色数が異なってしまうのはどうしてかというと、色同士の区別が曖昧だからだ。太陽光をプリズムにあてると、光の色によって屈折率が異なるので、光の帯に分解することが可能となる（これを光のスペクトルという）。可視光線の波長は380nm（ナノメーター）から770nmであり、波長と色の関係にははっきりとした基準は存在しない。

例えば○nmから△nmまでは緑、といった具合に明確に色の境界線が数値化できれば、おそらくどの文化によっても虹の色数が異なることはないのだろう。しかし、実際は、色同士の境界線が曖昧なため、それぞれの国や文化によって認識できる色数が違ってくる。

母音も実はこの光のスペクトルと非常に似た性質をもっている。**母音の場合は**、子音とは異なり、口腔内でどこにも妨げがないまま発音され

ることから、光スペクトルと同様に、**連続した動きの中で、ごくわずかな顎の開き具合の違いや舌の前後の動かし方によって「同じ音」として扱うか、それとも「異なる音」とするのかが異なってくる**。ちょうど、橙と黄色を同一色として扱うか、別の色として扱うかというのと同じだ。ただし、可視光線が380〜770nmという制限があるように、母音の空間にも人間の調音器官上の制限がある。人間が発生しうる、もっとも高い前寄りの母音は [i]、最も高くて後ろ寄りの母音は [u] となる。逆に、もっとも低い前寄りの母音は [a]、もっとも低い後ろ寄りの母音は [ɑ]（この母音は「うがいのア」ともよばれる）となる。この台形型の空間内を何分割するかによって言語ごとの母音の数が決まってくる。この**母音空間**を表したのが以下の図である。

日本語は、この空間を「ア、イ、ウ、エ、オ」と5分割している。これに対し、英語の場合、アクセントのある箇所に現れる母音だけでも /ɪ/, /ɛ/, /æ/, /ʌ/, /ʊ/, /i/, /ɑ/, /ɔ/, /u/, /ɚ/ など10種あるので、なんと日本語の倍の母音が存在していることになる。

英語をきちんと発音し、聞き取るためには、まずはこうした日本語と英語の**母音の数**の違いをきちんと認識しておくことが必要となってくる。

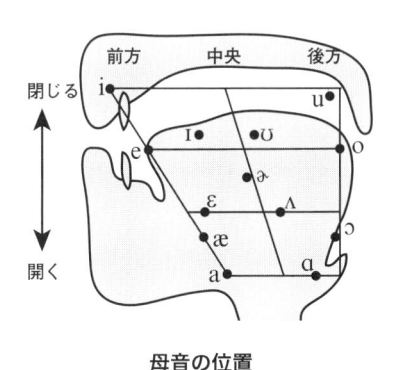

母音の位置

4.3

bang と bong

銃声を表す表現はどっち？

　物が発する音や声を模倣、描写した語句を擬音もしくは**オノマトペ**という。犬はワンワン吠え、猫はニャーニャー鳴く、少女たちがキャーキャー騒ぐ、といった具合に、動物の鳴き声や人の声を表現するものもあれば、自転車のベルをチリンチリンと鳴らす、太鼓をドンドンと叩く、というような物の音を表現するものもある。さらには、「ブルブル震える」「ゴツンとげんこつをくらった」など、あたかも音を発しているかのように、象徴的に状態や心情を表すもの、これらもすべてオノマトペである。

　物の発する音を模倣しているのであれば、どの言語でもだいたい似たような表現が用いられているはずだ。例えば、英語で牛は moo[mu:]、羊は baa[bæ:] と鳴き、日本語では牛はモー、羊はメーと鳴く。まったく同一表現ではないものの、非常によく似た形をとっている。しかし、日本の豚はブーブー鳴くのに、英語では oink oink と鳴くなど、まったく異なった表現を使う場合もある。

　日本語はオノマトペの種類が豊富で、一説によると、英語の4倍もあるといわれている。以前、マンガに登場するオノマトペを調べたことがあるが、19冊のマンガ本の中で、実に1761ものオノマトペが見つかった（延べ数でいうと4215回）。これだけ豊富な日本語のオノマトペを英語訳にした場合、いったいどうなるのだろうか。

　例えば、日本語の「パチパチ」というオノマトペは、状況に応じて次の3つの意味を表すことができる：1)拍手をする音　2)勢いよく火が燃える音　3)何度も瞬きする様子。はたして英語においてもこれらすべてに対応する表現が存在するのだろうか。まず1)の拍手については clap clap、2)については crackle というオノマトペが英語にも存在する。3)に

ついては、blink という訳語をそのまま当てはめることもできるが、この語はどちらかというと光を明滅させる状態の意味が強く、瞬きをする様子を表すのであれば、blink one's eyes という方がより正確といえよう。

このようにして見ていくと、日本語よりもはるかにオノマトペが少ない英語といえども、さまざまな状況に応じた表現の使い分けが可能ということがいえそうだ。

ところで、問題となっている bang と bong だが、[bæŋ] と [bɔŋ] とでは母音の箇所のみ異なる。前者は口の前の方で発音される母音が含まれているのに対し、後者の母音は口の後ろの方で発音される。**前寄りの母音は瞬間的に消える音を連想しやすいのに対し、後ろ寄りの母音は音が口の中でこもる分、「共鳴」を伴った状態を連想させやすい**。そこで、bang はドアなどをバタンと閉める、銃声がバンと鳴るなど、瞬間的に勢いよく発せられる音に対して用いられる。これに対し、bong は、より長めに発せられる音、つまりボーンと鐘の音が響く、といった共鳴性のある、持続的響き音に用いられることが多い。

似たような対応関係にあるのは、笑い声を表現する ha-ha-ha と ho-ho-ho だ。前母音で発音される ha-ha-ha はあっけらかんとした「アハハ」といった笑いだが、後母音で発音される「ホーホーホー」は、それに比べてこもった笑いを表現する際に用いられる。クリスマスのシーズンに大活躍のサンタのおじさんの笑い声、あれはまさに長く白い髭の奥からこもって出てくる「ホーホーホー」の笑いである。

4.4

mouse と mouth

騒々しいのはどっち？

　英語の慣用的綴り字 th は、[θ] または [ð] と発音される。これらの音は日本語には存在しないため、英語学習者にとって発音しにくい音の代表格ともいえる。とりわけ苦労するのが [θ] と [s] そして [ð] と [z] の区別ではないだろうか。

　中学生の頃、英語の先生から「th を発音するときは、舌先を噛むんですよ」と教わっていたことを思い出す。当時は「そんなものなのかぁ」と素直に指示通りの口構えをしてみたものの、舌先を噛みながら音を出すのは容易なことではないことにすぐ気づく。うまく発音できず、焦って力めば力むほど、ますます思うように音が出せない……。

　皆さんは、英語の発音をする時、何を一番気にするだろう。「**口の構え**」を気にする人は結構多いはずだ。その証拠に、発音教本や教科書は、音を発する際の口の構えについての解説が中心となっているものが実に多い。しかし、実際音声コミュニケーション上重要なのは、口の構えよりも、相手にどのように音が聞こえるか、すなわち「**聴覚印象**」のはずだ。もし口の構えが手掛かりとなって相手のいうことを理解しているのだとしたら、暗闇の中での会話なんて成り立たないことになってしまう。

　もちろん口の構えはどうでもいいということではなく、口の構えばかりに気をとられ、自分の出している音にまったく無頓着なんてことではいけないということだ。例えば、mouse と mouth の場合、どちらも出だしの mou[mau] は共通なので、両者を発音上区別したければ、語末の子音の [s] と [θ] の箇所をしっかり区別しないといけない。ところが、「口の構え」の視点からこの２つの音を区別しようとすると、難しい。

第4章 英語の音声、どっちが正しい？

　そこで、「聴覚印象」の視点からこの2つの音について見てみることにしよう。以下は、ネイティブの発音した mouse と mouth を**スペクトル分析**した図である：

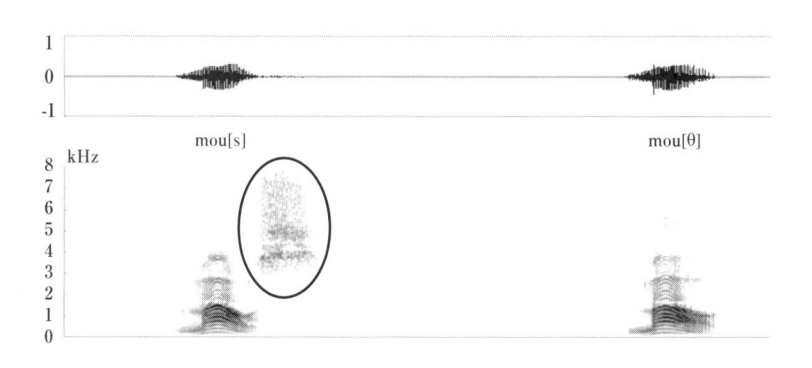

語末の模様を比較していただくとわかるとおり、[s] の方は黒い大きなシミ模様があるのに対し、[θ] にはそういった模様が見当たらない。これこそが両者を区別する際にもっとも重要なポイントとなる。すなわち、[s] は歯と歯の間にできる狭い隙間から空気を集中して出す強い「騒々しい」音であるため、図のような大きなシミ模様ができる。これに対し、[θ] は、気流を分散させながらつくり出す弱い音のため、そのような模様が出ない。**発音の授業で、「舌先を噛みながら……」と説明するのは、歯と歯の間にできる隙間を広げることで音を分散させ、弱めたいからだ。**ただし、「噛みながら」発音したのでは、上述のとおり、うまく音が出せなくなってしまう。より厳密に表現するならば、「舌先を上の前歯に軽く当てながら、口を半開きにし、口まわりの筋肉を緩めた状態で弱く発音する」ということだ。この時、力みすぎると、強い音になり、限りなく [s] に近づいてしまうので要注意だ。

4.5

こちらもチェック→ 5.4

dogs-lions と cats-lions

音声的に関連のあるペアはどっち？

　生物学的には、犬―ライオンと、猫―ライオンのペアを比べたら、間違いなく後者の方が同じネコ科の仲間という意味では「関連がある」といえるのだが、音声学的観点から見てみるとどうだろう。

　この2つのペアについて詳しく見る前に、まずは**有声音**と**無声音**の話から始めることにしよう。有声音と無声音は、読んで字のごとく、「声」の「有る」音と「無い」音のことで、ようするに、のどに手をあてて震えを感じれば「声」を伴って発音される「有声音」、震えを感じなければ、息だけの音、すなわち「無声音」になる。試しに、のどに手をあてながら「kkkkk ...」と連続して発音した後で「ggggg ...」と発音してみよう。[k] と [g] とでは、のどの震え方が異なるということがわかるはずだ。

　日本語の場合、濁点(゛)がつくかつかないかで、ある程度、有声と無声を区別することができる。例えば、カ行 vs ガ行の場合、濁点がつかないカ行は「無声音」、濁点のつくガ行は「有声音」になる。サ行 vs ザ行、タ行 vs ダ行も同様だ。さらに、濁点をつけることができないナ行、マ行、ラ行や母音の類もすべて有声音となる。

　以上のような有声と無声の対立が音の世界には存在するのだが、英語の複数形をつくる場合、こうした有声／無声の区別が実は重要な役割をはたしている。英語の複数形の発音ルールをおさらいしておくと、

(1)　無声子音の後は [s] と発音 (例：caps, kits, seats)
(2)　有声子音の後は [z] と発音 (例：cabs, kids, seeds)

となる。

　問題のペアを見てみると、dogs-lions はともに [g] と [n] という有声音

で終わる語に [s] がついているので、発音は上記ルールに従って、[dɔgz]-[laɪənz] となる。これに対し、cats-lions はどうかというと、こちらについては、cat の方が無声音 [t] で終わっているため、発音は [kæts] となる。以上のことから、[dɔgz]-[laɪənz] と [kæts]-[laɪənz] のペアのうち、音声的に関連のあるものといえば、ともに複数形が [z] と発音される前者の dogs-lions だ。

ところで、これまで見てきたとおり、一般的に**英語の複数形**は [s] または [z] で発音されることになるが、例えば、class の複数形の場合はどうであろう。この場合、上述の発音ルールに従うと、[s] という無声音で終わっている語であるため、本来複数形は [s] がそのままつくはずだ。しかし、実際は、[klæs]- [klæsiz] と発音され、[i] の母音が挿入される上に発音も [s] ではなく [z] となっている。このことは綴りにも反映されており、単に -s をつけるのではなく、-es を語尾につける（つまり class<u>es</u> となる）。この class のように、複数形が [iz] と発音される語は、単数形はすべて共通して [s] [z] [ʃ] [ʒ] [tʃ] [dʒ] のいずれかの音で終わっているのが特徴である。これらの6音は、[s] や [z] そのものか、もしくはこの2音と非常に類似した音であるため、そのまま [s] や [z] を続けて発音したのでは、単複の区別は発音上つけにくい。そこで、単複の区別をより明確にするために、間に母音を挟んで発音されることになる。

なお、上述の発音ルールは、動詞の三人称単数現在や所有格の /s/ にもあてはまる。

4.6

peep と seep

sheep と音声的により近い関係にあるのはどっち？

早口ことばは、発音しにくい文言をできるだけ早くいおうとすることば遊びだ。「隣りの客はよく柿食う客だ」とか「坊主が屏風に上手に坊主の絵を描いた」などは代表的な日本語の早口ことばの例である。

そもそも早口ことばが「遊び」として成立するためには、発音しにくい表現を組み合わせて「とちり」を誘発させる材料を揃える必要がある。では、この「いいづらさ」の要因とはいったい何だろうか。

ここで英語の代表的な早口ことばを1つ紹介してみることにしよう。

She sells sea shells by the seashore.
[ʃiːselzsiːʃeːlzbaiðəsiːʃɔr]

この早口ことばの場合、なんといってもとちりの要因となるのは2つの子音 /s/ と /ʃ/ だろう。この2つの子音がなぜいいにくいのかというと、「非常に類似しているけれども微妙な違いがある」音だからだ。つまり、/s/ と /ʃ/ はともに無声の摩擦音という点ではまったく同じなのだが、前者は「歯茎」(俗にいう「はぐき」のことだが、音声学では音読みで「歯茎」という)で調音されるのに対し、後者は「歯茎のやや後ろ」で調音されるので、微妙に異なる(ちなみに、音声学では「歯茎のやや後ろ」の位置で発音される音を「硬口蓋歯茎音」という。つまり、口の硬い天井部(蓋)寄りの位置に舌を接近させることからこのようによばれる)。

この「微妙に異なる」という点がミソだ。つまり、まったく異なる2つの音なら混同もしにくく、それほどとちることもない。ところが、無声の摩擦音であるという共通点をもつ2つの音が、唯一異なるのが調音の位置、しかも歯茎か歯茎のやや後ろの位置というわずかな違いだけと

なると、俄然難易度は上がる。微妙な舌の調整が求められる分、とちりを誘発しやすい状況をつくり出していることになる。

さて問題となっている peep と seep だが、ともに sheep と異なるのは出だしの子音のみである。つまり、この質問はいいかえるならば、/p/ と /s/ とではどちらの方が /ʃ/ と音声的に近い関係にあるのか、という問いかけである。この関係を捉えるために、次の**子音分類の３つの基準**に注目してみよう：1)**有声か無声か**、2)どこで調音されるのか(**調音位置**)、3)肺からの気流がどのように阻害されるのか(**調音方法**)(つまり100％閉鎖されるのか、あるいは摩擦を起こすのか、など)。この基準に基づいて /p/、/s/、/ʃ/ を比べてみると、/p/ は /ʃ/ と共通点が１つしかないのに対し(無声)、/s/ は２つの基準が共通であり(無声、摩擦)、その上、/s/、/ʃ/ ともに歯茎に関連した場所で調音される。

	有声・無声	調音位置	調音方法
/p/	無声	両唇	閉鎖
/s/	無声	歯茎	摩擦
/ʃ/	無声	硬口蓋歯茎(歯茎のやや後ろ)	摩擦

以上のことから、sheep と音声的に近い関係にあるのは seep であることがわかる。なお、/s/、/ʃ/ は英語に限らず、例えば日本語なら「新春シャンソンショー」、中国語でも「四、十。十四、四十、四十四」([siʃiʃisisiʃisiʃisi])の早口ことばにも用いられていることから、この２音はどの言語においても「とちりの立役者」といえそうだ。

4.7

back と bag

下線部の母音がより長く発音されるのはどっち？

　英語の破裂音は語末では破裂しないで発音されることが多い。例えば、back と bag は、それぞれ [bæk] と [bæg] と本来発音されるべきだ。ところが、語末の破裂音を破裂しないということは、口の構えは [k] や [g] のまま、音を開放させないため、実質的にはそれぞれ [bæφ] と [bæφ]（φは「ファイ」と読み、ここでは無音の意味。[φ] という発音記号はない）というふうに発音していることになる。あれ？　本来は有声・無声の対立があるはずの2語が、困ったことにまったく同じ発音になってしまっているではないか……。

　もともと [k] と [g] は有声・無声の違いがあるだけで、**調音位置**（軟口蓋）も**調音方法**（破裂音）もまったく同じである。したがって、語末の位置で破裂させない状態（これを無開放状態という）にあったのでは、どちらの語が発音されているのかが区別できなくなってしまう。ネイティブたちは、いったいどのようにこの2つの語を区別しているのだろうか。

　本来、英語の母音には長短の区別がないといわれているが、実は音声学の観点からは、母音は後ろに子音が続くか否かによって同じ母音なのに、異なった長さになることが観察されている。さらに、後ろに子音が続く場合、その後続子音が有声か無声かによっても母音の長さが違ってくるようだ。つまり、後ろに子音が何も続かない場合、あるいは有声音が続いた場合、母音は長く発音される。これに対して、後続子音が無声の場合、母音は短く発音される傾向にある。**ようするに、ネイティブは語末の子音の有無や子音の種類でこれらの語を区別しているのではなく、直前の母音の長さの違いによって弁別している**ということだ。

第4章 英語の音声、どっちが正しい？

　さて、話を back と bag に戻そう。無声音 [k] の前にある母音よりも、有声音 [g] の前にある母音の方が長いことから、back よりも bag に含まれる母音の方が長く発音されることになる。どちらの語も日本語では「バック」や「バッグ」としてそのままカタカナ語として使われている分、発音する時は要注意だ。カタカナ表記を見てもわかるとおり、我々は通常この 2 語を「ク」と「グ」という清濁の区別あるものとしか認識していないはずだ。

　日本語を母語とする者にとっては、とくに語末の有声破裂音を破裂させないで発音できるように練習をすることは大切なことだ。もともと習慣的に、子音の後ろに母音をつけて発音する傾向が日本人にはあるが（例：strike が sutoraiku になるなど）、とくに語末の有声破裂音はよほど気をつけていないと、後ろに母音をつけて発音してしまいがちだ。くれぐれも back が [bæku]、bag が [bægu] とならないよう、日頃から、直前の母音の長短をしっかりと区別すること、さらには、語末の子音を頑張りすぎない（つまり破裂させない）という点を踏まえて [bæk ̚]、[bæːg ̚] を練習するようにしよう（̚ は「無開放」を示す補助記号）。

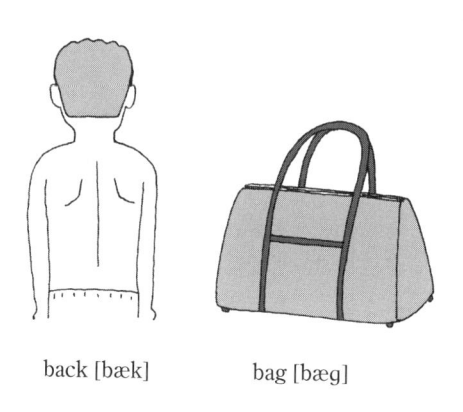

back [bæk]　　　bag [bæg]

4.8

/sp/ と /sb/

英語の語頭に現れることができるのはどっち?

　英語や日本語に限らず、どの言語も子音と母音から成り立っている。言語ごとに子音や母音の種類や数は異なるが、自然言語である限り、母音をもたない言語、あるいは子音のまったく存在しない言語というのはこの世には存在しない。必ず子音と母音の両方が揃っている。しかしながら、**子音や母音の結合のパターン**については、言語によってかなり顕著な違いが見られる。

　私たちは普段、仮名(より厳密にいうと「モーラ」)単位で音を捉える傾向が強いため、あまり意識することがないかもしれないが、日本語では、拗音(例:「きゃ」、「しゃ」、「ちゃ」)など一部の例外を除けば、子音同士の結合は見られず、[子音 + 母音]の結合が繰り返されることが多い。例えば、「この指止まれ!」という表現を子音と母音に分解するとkonoyubitomareとなり、[子音 + 母音]が7回繰り返された[CVCVCVCVCVCV]の型となる(C = 子音、V = 母音)。ところが、英語の場合は、日本語に比べると、子音同士の結合が多く、例えば、'trick or treat!' は [CCVCVCCCVC] という子音と母音の配列となり、Cのかたまりがかなり目立つ。

　母音の前と後ろに何個までの子音が許されるかを考えるということは、その言語の**音節構造**を意識していることでもある。音節とは「母音を中心とした単音の束」のことで、どの言語においても、以下のような単音の並び方に関する決まりに則っている。

閉鎖音 - 摩擦音 - 鼻音 - 流音 - ＜母音＞ - 流音 - 鼻音 - 摩擦音 - 閉鎖音

この音の並び方をよくご覧いただくとわかるとおり、母音を中心として左

```
        母音性
         ↑        母音
         |      流音  流音
         |    鼻音    鼻音
         |  摩擦音    摩擦音
         ↓ 閉鎖音      閉鎖音
        子音性
```

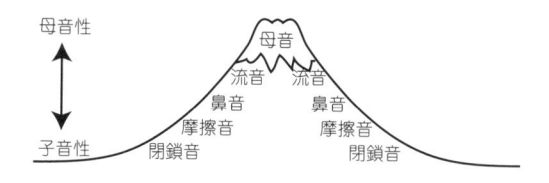

右対称に同じ音群が並んでいる。このことから、音節とは母音を頂点とした「聞こえ度の山」といいかえることもできる。「聞こえ度」とはそれぞれの音が固有にもっている音の「大きさ」のことだ。聞こえ度が高いほど母音性が高く、低いほど子音性が高い。つまり音節構造はどの言語においても聞こえ度配列原理に基づき、母音の前では聞こえ度の小さいものから大きいものへ、そして母音を聞こえ度の頂点としながら、母音の後ろでは聞こえ度の大きいものから小さいものへと並ぶ。

ただし、こうした**配列原理**を満たしてさえいれば、どのような単音配列も認められるかというとそういうわけでもない。例えば、もともと英語には24の子音があるが、そのうち語頭に単独で現れることができるのは、[ʒ],[ŋ]を除いた22子音のみだ(**p**at, **b**at, **t**ip, **d**ip, **k**it, **g**et, **f**it, **v**et, **s**et, **z**en, **sh**ip([ʃip])、**th**in([θin])、**th**en([ðen])、**h**it, **ch**ip([ʧip])、**j**azz([ʤæz])、**m**an, **n**ap, **l**ip, **y**ou([juː])、**w**in, **r**un)。語頭の子音結合となると、さらに厳しい制限が加わる。語頭の子音結合をC_1C_2と表した場合、C_1に現れることができる子音は14個([p, b, t, d, k, g, f, v, s, ʃ, θ, h, m, n])、C_2に現れることができる子音は10個([p, t, k, f, m, n, l, j, w, r])である。理屈上、C_1とC_2の組み合わせは $14 \times 10 = 140$ 通り可能となるはずだ。しかし、実際英語で認められる組み合わせは39通りだけだ([sp, st, sk, sf, sl, sm, sn, sj, sw, pl, pr, pj, bl, br, bj, tr, tj, tw, dr, dj, dw, kl, kr, kj, kw, gl, gr, gj, fl, fr, fj, θr, θj, θw, hj, ʃr, vj, mj, nj])。このうち、C_2の位置に /p/ が現れるのは [sp] の1例あるが、/b/ にいたっては1つも見当たらない。ゆえに、語頭の位置に現れることができるのは /sp/ の方だ。

4.9 strawberry と rose

こちらもチェック→ 5.4

as red as a ___ の下線部に入るのはどっち？

日常生活において、ある物事の様態や様子をわかりやすく伝えるために、「喩え」を使って表現することはよくある。かわいい赤ちゃんに遭遇すれば「あらっ！ まるでお人形さんのような赤ちゃんね」と声をかけることもあれば、とてもきれいな旋律の曲を聴けば「澄み渡った青空のようなすがすがしさ」を覚えるだろう。このように「(まるで・あたかも)～のようだ(ごとし、みたいだ)」の表現を用いて比喩であることを明示しているものを直喩(明喩、シミリー)という(この他、[人生はドラマだ]の例にみられるように、比喩であることを明示しないものを隠喩という)。

英語においても、日本語同様、この種の直喩が結構多く存在する。以下にその一例を列挙してみる。

as busy as a bee	(蜂のように忙しい＝とても忙しいさま)
as cool as a cucumber	(きゅうりのように冷静)
as clear as crystal	(水晶のように澄んでいる)
as cute as a cup-cake	(カップケーキのようにかわいい)
as dead as a doornail	(ドアの釘のように死んだも同然)
as proud as a peacock	(くじゃくのように気高い)

以上の表現に共通しているのは、「状態」を表す語と同じ出だし音(オンセット)をもつものが「喩え」として使われていることだ(busy - bee, cool - cucumber, clear - crystal, cute - cup-cake, dead - doornail, proud - peacock)。忙しいさまを表現したければ、別に蜂でなくても蟻でもキツツキでもよく、また、この世にはカップケーキ以外にかわいいものはいくらでもある。しかし、あえてこうした表現が好まれて使われる最大の理

由は語呂のよさだ。

詩で用いられる技法として**頭韻**(alliteration)があるが、これは以下に示す**音節構造**内の**オンセット**部分を揃(そろ)えてリズム感を出す。

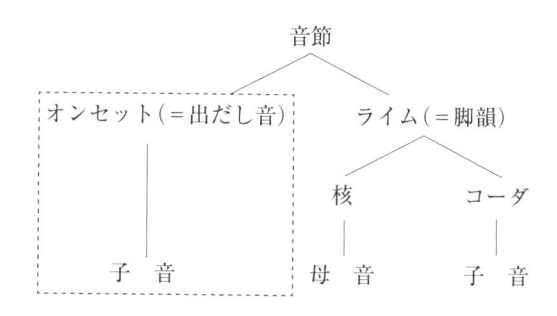

```
                    音節
           ┌─────────┴─────────┐
    オンセット(＝出だし音)      ライム(＝脚韻)
           │              ┌────┴────┐
           │              核         コーダ
           │              │          │
          子 音          母 音      子 音
```

さて、問題の as red as a ____ に話を戻そう。赤いさまを表現したいのであれば、トマト、りんご、いちご、バラ、赤信号など、世の中にはありとあらゆるたくさんのものが喩えの候補として存在するのだが、あえて strawberry ではなく、rose が選ばれるのは、まさにオンセットの共通性、すなわち頭韻を踏ませるためだ。

ちなみに、頭韻は、上述の直喩の他、キャラクター名にもよく用いられる技法だ。子どもたちに大人気のディズニー・キャラクターの名前をざっと挙げてみると、**M**ickey **M**ouse(ミッキー・マウス)、**M**innie **M**ouse(ミニー・マウス)、**D**onald **D**uck(ドナルド・ダック)、**P**eter **P**an(ピーター・パン)、いずれも頭韻を踏んでいる。さらに、スポーツ界に目を向けると、アメフトでは、**B**uffalo **B**ills、**J**acksonville **J**aguars、**S**eattle **S**eahawks など頭韻がよく使われているし、野球界でも **P**ittsburgh **P**irates、バスケット界では Los Angeles Lakers、アイスホッケーチームには **P**ittsburgh **P**enguins なんてものがある。

4.10

こちらもチェック→ 5.3

Adam and Eve と Romeo and Juliet

「信じる」の意味を表すカップルはどっち？

「アダムとイヴ」は旧約聖書に出てくる最初の人間（男女）のことだが、神の命令に逆らい、蛇の誘惑に負けてりんごを食べたあの２人、といえばピンとくる人も多いだろう。一方、「ロミオとジュリエット」は、英国の劇作家シェイクスピアによるいわずと知れた名戯曲で、登場する男女の名前がそのままタイトル名になっている。愛するジュリエットが死んだと思い込んだロミオ（実際は仮死状態……）、彼女の後を追って毒を飲んで死んでしまうという悲しい結末……。

純愛で結ばれていたロミオとジュリエットの方が「信じる」の意味にふさわしい気もするが、正解はアダムとイヴの方である。それはなぜかというと、英語で「信じる」を意味する believe が Eve と韻を踏んでいるからだ。「そんなばかな！」と思うなかれ。れっきとした英語表現として日常会話にも登場するのだから（ただし地域限定）。

日本語には「無駄口」あるいは「付け足しことば」というものがある。「驚きももの木山椒の木」や「その手は桑名の焼き蛤」などは、いずれも「たいそう驚いた」「その手は食わない」の意味だが、もとの文句をもじって語呂の良い表現としてまとめている。似たような表現が英語にもあり、**これをコックニー・ライミング・スラング**（Cockney rhyming slang）という。コックニーはロンドンの下町のこと、ライミングとは「**韻を踏む**」ということだ。例えば、pet-set のように、出だしの子音を除いた残りの母音と子音連鎖（下線部）が一致した場合、これらのペアは「韻を踏んでいる」という。スラングは俗語を意味する。コックニー・ライミングとはようするにある語をそれと同じライム構造をもつ別の語もしくは短い句で置き換えることば遊びのことだ。

もう少し具体的な説明をしておくと、英語をはじめとする西洋の言語の多くは、以下のような**音節構造**をしていると考えられている。

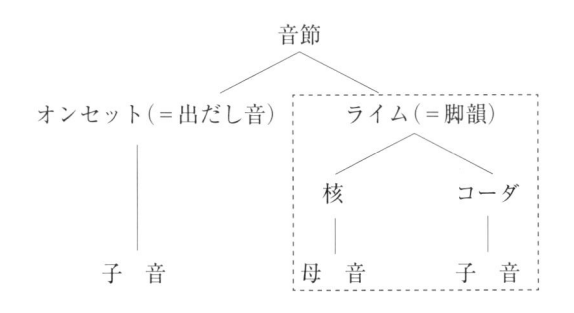

```
                音節
              /      \
   オンセット(=出だし音)   ライム(=脚韻)
         |             /      \
         |           核       コーダ
         |            |         |
        子音         母音      子音
```

韻を踏むということは、この音節構造の**ライム**(つまり脚韻)の部分が一致しているということを意味する。例えば、How's your wife?(奥さんは元気かい?)はコックニー・スラングでは、How's your trouble and strife? となる(下線部が韻を踏んでいる)。もちろん「韻を踏む」ということは、綴りが異なっていても、ライム内の音連鎖が一致していればよいわけだから、stairs → apples and pears, feet → plates of meat などの例も存在する。さらに、一般的によく使われる表現となると、後半部を一部省略して用いることもある。例えば、Use your head!(もっと頭働かせな!)は Use your loaf (of bread)! とカッコ内の of bread が省略されることもしばしばある。

さて、問題の Adam and Eve だが、Eve が believe と韻を踏んでいることから、コックニー・スラングでは、Would you believe it??(信じられる??)の置き換え表現として、Would you Adam and Eve it?? が用いられる。この表現などは昔からコックニー・スラングとして定着しているものの代表格だが、なかには、最近新たに加えられた wind and kite (= website)のようなものもあり、コックニー・スラングは日々「進化」し続けているといえよう。

4.11

caught-taught と fraught-draught

韻を踏んでいるペアはどっち？

英語の綴り字と発音の関係については、規則がまったくないわけではないが、例外が多く、英語を外国語として学んでいる者だけではなく、ネイティブの人にとっても正しく綴ることは決して容易なことではないようだ。その証拠に、アメリカの小学校などでは、定期的に spelling bee とよばれるスペリングのコンテストが開催される。

映画「マイ・フェア・レディ」の原作者であるジョージ・バーナード・ショーが「fish は ghoti とも綴れる」といったことはよく知られている。つまり、enough [ɪnʌf] の gh、women [wɪmən] の o、nation [neɪʃən] の ti をつなぎ合わせると ghoti = [fɪʃ] となるというわけだ。

英語の gh という綴りは、実際のところ、ショーが述べたように、語頭の位置で [f] の音価をもつことはまずない(音価とは、ある特定の文字ないし文字列によって表される具体的な音声のこと)。[f] で発音されるのは、laughter [læftər] のような語中もしくは cough [kɔːf]、enough [ɪnʌf]、rough [rʌf] のような語末の位置のみである。語頭に生じる場合は、ghost [goʊst] のように [g] として発音される。また、一部の語は、aghast [əgæst] のように、語中の gh を [g] と発音することもある。さらに、gh は黙字を表すこともある。語頭の位置で黙字になることはないが、daughter [dɔːtər]、eight [eɪt] のような語中の位置や、borough [bʌrəʊ]、through [θruː] のような語末の位置に現れる gh は発音されない。以上のことをまとめると、gh に関しては、

(1) 語頭の位置は [g] と発音される。
(2) 語末の位置では [f] もしくは黙字として現れ、[g] と発音される

ことはない。
（3）　語中の位置では [g]、[f]、黙字のいずれかとなるが、どの音価になるかについてはとくに規則性はない。ただし、おおよその目安としては、黙字として用いられている確率が最も高く、それに次いで [f] と発音されるケースが多い。そして、[g] として現れるのは、上述の aghast の他は Afghanistan などごく限られた一部の語においてのみである。

以上を踏まえながら、caught-taught と fraught-draught のペアについて考えてみると、語中の位置にあるということは、[g]、[f]、黙字のどの音価かは特定できないので、1つ1つの発音を確認していくしかない。まず、catch の過去形と過去分詞形の caught は [kɔːt]、teach の過去形と過去分詞形の taught は [tɔːt] と発音され、どちらにおいても gh は黙字である。

　これに対して、「充満した、積載した」を意味する fraught は [frɔːt] と発音され、gh はやはり黙字なのだが、draught は [dræft] と発音され、この語における gh だけが [f] の音価をもつ。実際アメリカ英語では、この語は発音をそのまま反映した draft の形で一般的に綴られている（イギリス英語でも、「草稿」、「分派隊」、「手形」などの意味で使われる際には、draft の綴りを用いるのが一般的といわれている）。以上より、**韻を踏んでいる**ペアといえば caught-taught の方となる。

　英語の gh には上述のように通常3つの音価があるのだが、例外的に [p] で発音される語が1つだけ存在する。さてその語とは……？

　正解は hiccough。今となっては、やや古風な綴りとなっており、通常は hiccup と綴られることの方が多いかもしれないが、この「しゃっくり」を意味する [hɪkʌp] の語末の gh だけは、なぜか [p] の音で発音される。

4.12

こちらもチェック→ 5.1

great と threat

steak と歴史的に関連のあるのはどっち？

「英語のスペルはでたらめだ！」と怒りまくったのは、前節にも登場したイギリスの劇作家ジョージ・バーナード・ショーだが、**英語の発音と綴りの関係**が母語話者にとっても困難なほど、不規則になってしまった要因の1つに、**大母音推移**という歴史上の「大事件」がある。

大母音推移とは、1400年〜1500年代の英語の歴史上に起こった「連鎖シフト」現象のことだ。ようするに、強勢のある長母音を発音するとき、「アー」が「エー」、「エー」が「イー」に変わり、本来の発音から調音位置が一段階高く上がった現象のことをいう。この連鎖シフト現象を図にまとめると、以下のような音変化を順次辿ったことになる。

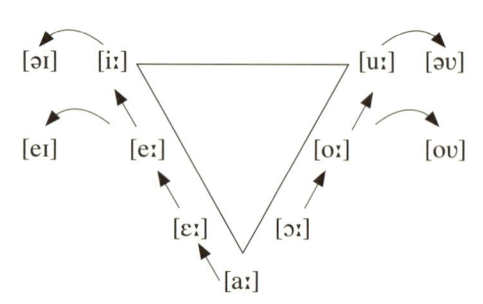

[əɪ] [iː]　　　　　[uː] [əʊ]

[eɪ] [eː]　　　　　[oː] [oʊ]

[ɛː] [ɔː]

[aː]

（Aitchison 1995:153 一部改変）

例えばmeatはもともと中英語の時代には [mɛːt] と発音されていたのが、初期近代英語においては [ɛː] が一段高い [eː] となり、[meːt] という音価を持つようになった。さらに、近代英語になると、[eː] がまた一段高い調

音位置の [iː] となり、現代と同じ [miːt] の発音になった。同様に、moon は中英語ではもともと [moːn] と発音されていたのが、近代英語の時代に [muːn] となった。

この大母音推移による音変化の例を挙げると次のようになる。

	中英語		初期近代英語		近代英語以降
meat	[mɛːt]	→	[meːt]	→	[miːt]
moon	[moːn]	→	[muːn]		
name	[naːmə]	→	[nɛːm]	→	[neːm] → [neɪm]
boat	[bɔːt]	→	[boːt]	→	[boʊt]

大母音推移が歴史上の「大事件」と称される理由は、同じ母音を含んだ語の音価が「一斉に」変化したからだ。すなわち moon と同じ [oː] の母音を含む語は、例外なくすべて [uː] と一斉に変化したのだから驚きだ。なぜこのような「大事件」が起きてしまったのかはいまだによくわからないのだが、大母音推移の結果、本来は英語の発音も綴りもそれなりにきちんとした対応関係にあったのが、両者の間に、上記のようなミスマッチが生じてしまったことになる。

さて、問題となっている great [greɪt], threat [θret], steak [steɪk] はいずれも母音の綴りが 'ea' であるが、threat のみ短母音で発音され、残りの 2 つは二重母音で発音される。これはなぜかというと、上述の通り、大母音推移は強勢を担っている長母音を中心に起こった現象であることから、great と steak はともに大母音推移の影響で /ɛː/ → /eː/ → /eɪ/ という変化を辿ったのに対し、threat はもともと短母音だったため、大母音推移の影響を受けていない。つまり、短母音が二重母音化することなく、今日にいたるまでずっと [θret] と発音されている。ゆえに steak と歴史的に関連のあるのは great の方だ。

4.13

IHELPUC と IM2THDR

歯科医はどっち？

　皆さんはVanity platesということばを聞いたことがあるだろうか。日本でいうところの自動車の「希望ナンバー」のことだ。日本の場合は、4桁以下のアラビア数字を選ぶことしかできないが、アメリカでは、州によって最大6～8桁までのアラビア数字とアルファベットを自由に組み合わせながら、さまざまな「ことば遊び」ができる。例えば、単刀直入にALICEやTIMMYのように車の持ち主の名前(あるいは家族や恋人の名前)をそのままナンバー・プレートとして登録していることもあれば、自分の性格、あるいは周囲の車へのメッセージなどをプレートに託すことも可能だ。例えば、目立ちたがり屋さんはSHOWOFF、スピード狂ならFASTEST、あるいは、譲り合いの精神の持ち主であれば、PASS ME (お先へどうぞ)など、それぞれの車の持ち主たちの思いをプレートから読み取ることができる。

　これまでの例はいずれも名前やメッセージがそのままの形でプレートに表記されているのでわかりやすいのだが、中には文字を省いたり、当て字を駆使しながら縮めているものもあるが、これは表音文字としてのアルファベットならではの工夫といえよう。

　世界の言語で使用されている文字は大きく分けて**表語文字**と**表音文字**がある。前者は、漢字に代表されるように、文字そのものが「音」と「意味」とを兼ね備えているのに対し、表音文字は「音」を表すだけで特定の意味は表さない。表音文字の場合、その文字の表す音の「単位」によって、さらに**音節文字**と**音素文字**とに下位分類することができる。日本語の仮名文字や英語のアルファベットはどちらも表音文字とされているが、仮名文字はモーラを表しているので音節文字、アルファベットは単音を

表記するので音素文字ということになる。ただし、アルファベットについては、文字およびその文字が表す音価が必ずしも1対1の対応にはないので、いわゆる純粋な音素文字であるキリル文字やギリシャ文字とは異なった性質をもっているともいえる。例えば、concert の場合 'c' の文字が同一語で2回登場するのだが、それぞれの音価は異なっている。出だしの c は [k]、2番目の c は [s] と発音され、合わせて [kɑnsərt] となる。英語の場合、ca, co, cu で綴られる場合は [k] の音価となり、ce, ci の場合は [s] となるという決まりがある。こうした規則が存在するとはいえ、やはり同じ文字が異なった音で発音されるというのは外国語として英語を学ぶものにとっては頭の痛い話だ。これに加え、さらに、各文字はそれぞれに「ラベル」が付与されている。この 'c' の場合、上述のような [k]、[s] の音価に加え、[siː] という「呼び名」があることから、3通りの発音の可能性があるということになる。同様に 'g' の文字も、[dʒiː] という「呼び名」をもつ他に、ga, go, gu で綴られる場合は [g] と発音され(例:gap, god, gun)、ge, gi の場合は [dʒ] と発音される(例:genius, magic)。

さて、IHELPUC と IM2THDR、どちらも自分の職業をナンバー・プレートとして表しているのだが、いったい何をやっている人たちだろうか。前者は I help u(= you)c(= see)(見えるようになるのを手伝う)ということなので、おそらくメガネ屋さんか眼科医といったところだろうか。また、IM2THDR は、数字と略字とをうまく組み合わせながら I'm 2th(= tooth)dr(doctor)(私は歯のお医者さん)と謳っているので、歯科医を表すナンバー・プレートといえばこちらであろう。

4.14

こちらもチェック→ 5.5

greenhouse と green house

バナナが育つのはどっち？

「英語と日本語の違いは？」と聞かれて、真っ先に多くの人の頭をよぎるのは、「英語には /l/ と /r/ の区別があるけど日本語にはないとか、あるいは、英語には /θ/ の音があるけれども日本語には存在しない」といったことではないだろうか。たしかに、こうした単音レベルの違いもあるが、実はこのレベルでの違いは「英語らしさ、日本語らしさ」にはさほど大きな影響を及ぼしてはいない。むしろ、英語と日本語の決定的な違いは**アクセント**の付与の違いにあるといえる。

アクセントとは、音連鎖の中でなんらかの形で際立った音声特徴のことをいう。英語は強さによって「際立ち」をもたせるのに対し、日本語は高さによってある箇所を際立たせる。言語によって際立ちの形は異なれど、アクセントはどの言語においても、語の意味を弁別する上で重要だ。例えば、**強弱アクセント**言語である英語の場合、PREsent と第 1 音節に強勢を付与すると「贈り物」の意味になるが、preSENT と第 2 音節に強勢を付与すると「与える」という動詞になる（大文字は強勢が付与されている音節を示す）。これに対して日本語は、**高低アクセント**言語なので、例えば、東京方言であめと発音すれば「雨」の意味になるし、あめといえば「飴」のことを指す。日本人の話す英語がゴツゴツした印象を与えてしまうのは、日本語で使い慣れた高低アクセントの癖をそのまま英語に持ち込んでしまうからだ。

英語の強弱アクセントは、複合語と句表現の区別をする上でも役立っている。一般的に複合語の場合は「強弱」の強勢パターンになるのに対し、句表現はその逆、すなわち、「弱強」のパターンとなる。例えば、grandfather（おじいさん）という複合語は GRANDfather という「強

弱」パターンで発音されるが、grand father(偉大なる父)は名詞句なので、grand FATHER という具合に「弱強」で発音される(大文字で示してあるのが主強勢を担う語)。同様に、GENTLEman といえば、「紳士」、gentle MAN といえば「優しい(男の)人」、BLACKbird は「つぐみ」だが、black BIRD は単なる「黒い鳥」を意味する。

以上見てきた複合語と名詞句は、1語対2語という違いがあることから、両者を視覚的に区別するのは容易だが、複合語と名詞句の中には、一目見ただけではどちらなのかがわからないものもある。

	複合語	名詞句
dancing girl	(プロの)踊り子	踊っている少女
English teacher	英語教師	英国人の教師
woman doctor	婦人科医	女医

いずれの例も、複合語も名詞句もともに2語からなっているため、視覚上区別をつけることはできないが、発音上の区別は保たれている。すなわち、強弱パターンで発音されれば、複合語の意味となり、弱強パターンで発音されれば名詞句となる。

さて、問題の greenhouse と green house だが、前者は「温室」を意味する複合語であることから強弱の GREENhouse と発音され、後者は「緑の家」を意味する名詞句であるため、弱強の green HOUSE と発音される。バナナが育つのはやはり「温室」、つまり greenhouse の中だ。別に家の色は緑だろうが赤だろうがバナナの成長には直接関係ない。

4.15

-eon と -oon

アクセントを置けるのはどっち？

英語の場合、日本語の高低アクセントとは異なり、強弱アクセントによって意味を区別しているということは前節で見たとおりだが、英語では、強弱アクセントは語や句、さらにはセンテンスレベルにも存在する。そこで、語のレベルで決められているアクセントのことを**語強勢**(word stress)といい、他の韻律レベルとは区別している。

英語では、1語の中で、必ず1箇所強く発音される音節があるが、強勢を担う位置は、各語それぞれが固有にもっているものであり、話し手の都合で勝手に変えることはできない。例えば、salary(給与)は [sǽləri] と第1音節に強勢が付与されるということは、もう英語の決まりとして守るしかない。「第1音節の強勢は発音しにくいから、私は [sæləríː] と第3音節に強勢をつけて発音することにする」なんてことを主張してもダメだ。極端な話だが、[sæləríː] と第3音節に強勢を付与して発音するよりも、salary を celery(セロリ)と発音した方がよっぽどネイティブにとっては理解しやすい。それぐらいに**強勢の位置**を正しく捉えることは英語のコミュニケーション上重要なことである。

このように重要な役割を担っている強勢なのだが、困ったことに個々の語ごとに付与される位置にかなりばらつきがあるのも事実だ。例えば、salary は第1音節にアクセントがあるが、同じ3音節語でも、electric [ɪléktrɪk] は第2音節に、Japanese [ʤæpəníːz] は第3音節に強勢が付与される。一見すると英語の語強勢がどこに付与されるのかを見極める規則は存在しないかのようだ。実際、かの有名な言語学者ダニエル・ジョーンズでさえ「強勢の位置は個々の語ごとに学習しなくてはならない」といっていたぐらいなのだから、英語の強勢規則なんてものは存在しない

第4章 英語の音声、どっちが正しい？

と思った方がいいのかもしれない。

 たしかに、強勢の位置は語ごとにかなりのばらつきがあるのだが、不思議なことに英語母語話者であれば、語強勢の位置をだいたい95％の確率で予測できるという報告もある。1つ1つの語ごとに強勢の位置を覚えていたのでは、これだけの高い確率で強勢の位置を予測できるということは不可能である。

 英語の強勢位置を決定する上で、まず品詞が何かを定めることは重要である。同じ音連鎖でも、名詞であれば左強勢型(例：r[é]cord)、動詞であれば右強勢型(例：rec[ɔ́:]rd)であることは予測できる。これに加え、さらに奇妙なことに、語頭から語末に向かって分析をしていたのではまったく規則性が見いだせないのだが、語末から語頭に向かって分析をしていくと一定の法則性が見いだせる。それはなぜかというと、**接尾辞**の種類によって、ある程度強勢を担える音節の位置を決定することができるからだ。

 問題となっている -eon と -oon だが、いずれも語末に現れた際、前者はその直前の音節に強勢が置かれるのに対し、後者はそれ自身に強勢が置かれることが、以下の(1)と(2)を比較すればわかる：

(1) dúngeon lúncheon pígeon súrgeon
(2) ballóon cartóon salóon typhóon

接尾辞 -eon と同様に、直前の音節に強勢が置かれる接尾辞としては、-ic (eléctric)、-ity (electrícity) などがあり、-oon のようにそのものに強勢が置かれるものとしては -ee (employée) などがある。

dúngeon　　　　　**salóon**

163

4.16

Ladies and gentlemen と Gentlemen and ladies

ネイティブにとって自然な語順はどっち？

　聴衆に向かって「皆さん！」と呼びかける際に、英語では Ladies and gentlemen! という表現を使っているのをよく耳にする。その逆の語順、すなわち Gentlemen and ladies! は耳慣れないせいか、ネイティブでない私たちにとっても違和感がある。しかし、そもそも等位接続詞である and は、前の要素と後ろの要素を対等に連結する働きをもつのだから、A + B も B + A も意味的に大差ないはずだ。Ladies ではじまる**語順**が好まれるのはなぜだ？

　昔、知人になぜ Ladies が先にくるのかを尋ねたところ、『エレベータに乗る時もイギリス紳士は必ず女性に「お先にどうぞ」というでしょ。つまり、英語圏はレディー・ファーストの文化だからそういう語順なのよ』という説明をしてくれたように記憶している。その時は「そんなものか」と納得したものの、はたして本当にそんな理由からこの語順が一般的に好まれるのだろうか。

　男女を表す表現は他にもある。men and women, male and female, boys and girls……あれっ？　いずれも「男」が先にきているぞ……。

　実は ladies and gentlemen の語順が好まれる背景には、英語の**強勢パターン**が大いに影響している。以下をちょっと見てほしい(S = 強勢のある音節、w = 無強勢音節)。

(1)　Ladies and gentlemen
　　　S w　w　S w w
(2)　Gentlemen and ladies
　　　S w w　w　S w

(1)と(2)を比べた場合、(1)の方が語呂のよさを感じるのに対し、(2)は違和感があるのだが、この語呂のよさ、実はリズム構造が関与している。すなわち、(1)は［強弱弱　強弱弱］という規則的なリズム構造になっているのに対し、(2)は［強弱弱弱　強弱］という不安定な構造になっている。ちなみに、他の「男女」を表す句の**リズム構造**に目を向けてみると次のようになる。

一般的な語順	一般的でない語順
men and women	women and men
S w S w	S w w S
male and female	female and male
S w S w	S w w S
boys and girls	girls and boys
S w S	S w S

一般的な語順の方は、一般的でない語順に比べ、どれもリズム構造が安定しているのがわかる（ただし boys and girls / girls and boys はリズム構造上の違いなし）。

英語の A and B という表現において、A には音節数の少ない語を、B には音節数の多い語を配置するのが一般的だ。通常 and などの機能語は句や文の内部で強勢を担うことはないので、その方がより安定したリズム構造になるからだ。この他、bed and breakfast（B&B）, cup and saucer, milk and sugar などの表現も、いずれも安定したリズム構造を保とうとする原理が働いている例といえよう。

4.17

Which autumn flower do you like? と Which fall flower do you like?

アメリカ英語の母語話者が好むのはどっち？

 ひとくちに英語といっても、イギリス英語、アメリカ英語、オーストラリア英語というように、地理的にさまざまな種類が存在する。そのなかでも、よく引き合いに出されるのが**イギリス英語**と**アメリカ英語**の違いだ。同じ英語なのに綴りさえも異なることがある。

 アメリカ英語とイギリス英語の一番「目立つ」違いといえば、語彙の違いであろう。アメリカ人は gasoline を求めてガソリン・スタンドに駆け込むが、イギリス人は petrol を入れに行く。また、アメリカ人にとってエレベーターはそのまま elevator だが、イギリス人にとっては lift である。さらに厄介なのが、アメリカで pants といえばズボンのことだが、イギリスではズボンは trousers といい、pants は下着のパンツを指すことになる。アメリカ人とイギリス人が待ち合わせをする時にも要注意だ。アメリカ人が「First floor で待ってるよ」といえば、これは1階が待ち合わせ場所ということになるのだが、イギリス人はおそらく2階で待ち続けることになるだろう。イギリス英語で first floor は2階を意味するので、1階で待ち合わせをしたければ ground floor で待っていないといけない。

 こうしたアメリカ英語とイギリス英語の語彙の違いはそれぞれの文化においてしっかりと根付いており、そう簡単に統一されそうにもない。例えば、上述の first/ground floor などは英米できちんと使い分けがされており、アメリカで ground floor を使用しているところは一般的にない。仮にアメリカで使用しているところがあるとすれば、それは明らかにイギリスを意識して、意図的にそうしているのである。一般のアメリカ人はやはり lift ではなく elevator を使って、ground floor でなく first floor

へ行くことだろう。ところが、語彙の中には一部「揺らいでいる」ものもある。例えば、英語学の概論書に、「イギリス英語で秋は autumn、アメリカ英語では fall」、と明記されているものの、実際アメリカで生活をしていると、fall ももちろん耳にするが、autumn だって普通に使われているように思う。その理由は、おそらく**リズム構造**上の衝突を避けたい欲求があるからだろう。

リズム構造が語順に影響を及ぼすというのは前節で見たとおりだが、実は同義語の選択の際にもリズム構造が影響を及ぼすことがある。Which {autumn/fall} flower do you like? は、autumn/fall どちらを使っても、「あなたの好きな秋の花は？」という意味になる。意味上とくに差がないのであれば、本来アメリカ英語では fall が使われるはずだ。しかし、実際は、アメリカ人も fall flower ではなく、autumn flower の表現を好むといわれている。その理由は、以下のようなリズム構造の違いが関与していそうだ(S は強勢のある音節、w は無強勢音節)。

(1) autumn flower
　　S w　S w
(2) fall flower
　　S　S w

上記(1)では、きれいな［強弱強弱］のリズム構造を成しているが、(2)では、［強強弱］の構造となっており、2つの音節で強勢が衝突してしまっている。英語の母語話者にとっては、アメリカ英語とイギリス英語がごちゃ混ぜになることの心配よりも、強勢音節の衝突を未然に防ぎたい防御本能のようなものが無意識に働くのだろう。語の選択にもリズム原理が働いている証拠に、semester のように第 2 音節に強勢があるような語の場合は、fall semester といういいかたが使われている。

4.18

イギリス英語 と アメリカ英語

日本人の発音に近いのはどっち？

まずは以下の歌詞をご覧いただくことにしよう。

You say eether, I say eyether	君の発音はイーザー、僕の発音はアィザー
You say neether, I say nyther	君の発音はニーザー、僕の発音はナィザー
Eether, eyether	イーザーか、アィザーか、
Neether, nyther	ニーザーか、ナィザーか、
Let's call the whole thing off!	こんなこと、もう やめにしようよ
You like potato	君の好きなのはポティトゥ
And I like potahto	僕の好きなのはポタートゥ
You like tomato	君の好きなのはトメィトゥ
And I like tomahto	僕の好きなのはトマートゥ
Potato, potahto,	ポティトゥか、ポタートゥか
Tomato, tomahto	トメィトゥか、トマートゥか
Let's call the whole thing off!	こんなこと、もう やめにしようよ

これは、1937年のミュージカル映画 Shall we dance? の中で歌われている *Let's call the whole thing off* からの一節だ。ようするに、either(どちらかの)に [i:]ther と [ai]ther 2通りの発音があるのと同様に、tomato(トマト)は to[mei]to と to[ma:]to、potato(ポテト)は po[tei]to と po[ta:]to の発音があるということを繰り返し述べている歌なのだが、この2通りの発音の違いは**アメリカ英語**と**イギリス英語**の違いとして捉えることができる。

一般的に [i:]ther, to[mei]to, po[tei]to はアメリカ英語、[ai]ther, to[ma:]to はイギリス英語の発音といわれている(この理屈からいうと、po[ta:]to もイギリス英語ということになるが、いまだかつてこのような発音をするイギリス人に出会ったことはない……)。このように考えると、**イギリス英語の方が、日本語のローマ字に近い発音になっている場合が多い**といえそうだ。たしかに、日本語で tomato はトマトであって、トメイトではない。その他、batter, mixer, card など、母音の後ろの /r/ はアメリカ英語では発音されるが、イギリス英語では発音されない。日本語でもバッター、ミキサー、カードといった具合に、やはり /r/ が発音されないイギリス英語に近い形が使われている。

このように見ていくと、あたかもイギリス英語とアメリカ英語はきれいに特徴が分かれているかのように思えてしまうのだが、実際英国でも、地域によっては、母音の後ろの /r/ を発音することもあれば、アメリカでも、/r/ を発音したりしなかったりする。つまり、必ずしも両者をきれいに区別することができないということだ。

社会言語学者ラボフによって行われたニューヨーク市の調査では、母音の後ろの /r/ を発音するかしないかは、社会階級との相関があると結論づけられている。この調査において、ラボフは、上流階級の人たちがよく使うＳ店、中級階級たちの行くＭ店、労働者階級たちが利用するＫ店それぞれで、car や card の /r/ が発音されるか否かを調べた。その結果、/r/ が発音される割合はＳ店で62％、Ｍ店で51％、Ｋ店で21％であった。つまり、Ｍ店では約半数の人たちが、そしてＫ店では、実に8割近くの人たちが /r/ を発音していないことになる。このことからも、アメリカ英語 vs イギリス英語という括り方は、あくまでも一般的傾向を便宜的に示しているにすぎないということがわかるはずだ。

4.19

こちらもチェック→ 2.12 1.2

Please don't stop it! と
Please don't—stop it!

「やめないで続けてください！」の意味になるのはどっち？

　（ネイティブにとって）聞き取りやすい英語で話すコツは？　と聞かれたら、皆さんならどのように答えるだろうか。「1つ1つの単音を正確に発音すること」あるいは「日本語流の高低アクセントの癖を直し、英語式の強弱アクセントを身につけること」など、人によってアドバイスはいろいろとあるだろうが、たいていの人は「音の出ている箇所」に注目するだけで、**「無音の箇所」は意外と盲点となっていることが多い**。しかし、この「音のない箇所」にも神経を使わないと時と場合によっては大変なことになってしまう。

　「無音の箇所」は日本語においても結構重要な役割をはたしている。例えば、以下の(1)と(2)に挙げた5-7-5の定型句を比べてみよう。

(1)　ランドセル　でっかいぼくに　似合わない
(2)　ランドセル　でかいぼくには　似合わない

音に敏感な人は、両者を読む際に、若干リズムの取り方が異なることに気づくのではないだろうか（×は休止ビートを表す）：

```
       ♪♪♪♪♪×××   ♪♪♪♪♪♪♪×   ♪♪♪♪♪×××
(3)　ランドセル　　　　でっかいぼくに　にあわない

       ♪♪♪♪♪×××   ×♪♪♪♪♪♪♪   ♪♪♪♪♪×××
(4)　ランドセル　　　　でかいぼくには　にあわない
```

日本語の5-7-5の定型句は、実は上記(3)と(4)に示すとおり、休止と合わ

せると、1行8ビートになっている。同じ5－7－5の連鎖であっても、使用語句の切れ目の違いによって、2行目の行末に休止がある場合と、行頭に休止がある場合とがある。この「間」の取り方を間違えると、せっかくの語呂のよさも半減してしまうことがあるので注意が必要だ。

さて、英語の場合も、同じ音連鎖であっても、**イントネーションのパターンや息の長さの緩急と間隔の取り方によってはまったく意味が異なることがある**。例えば、Please don't stop it! と Please don't—stop it! のイントネーション型をみてみると、以下のようにまとめることができる（1, 2, 3 はそれぞれ音調の低、中、高レベルを表す）：

Please don't stop it!

3			stop	
2	Please	don't		
1				it

Please don't—stop it!

3		do	stop	
2	Please			
1		n't		it

まずは長いポーズの入らないセンテンスの方だが、通常の2－3－1のイントネーション型で発音されるので、意味はそのまま、「やめないで続けてください」となるのに対し、長いポーズの入るセンテンスは、Please don't でいったん意味が切れ（2－3－1型）、ポーズの後に Stop it!（3－1型）が独立していることから、「お願いです、やめてください」の意味になる。たかがポーズ、されどポーズ、この例のように、ポーズの有無によってまったく正反対の意味のセンテンスとなってしまうことがあるので、「音の無い箇所」を侮るなかれ。

英語で自分の考えを相手にきちんと伝え、理解してもらうためには、1つ1つの単音を正確に発音することやアクセント、イントネーションといった「音の出ている箇所」だけに目を向けるのではなく、音の出ていない「間」の部分にも神経を使う必要があるということだ。

4.20

こちらもチェック→ 1.15

Would you like tea or coffee? と
Would you like tea or coffee?

水を頼んでも嫌な顔をされないのはどっち？

　日本の航空会社のサービスは世界のトップクラス、いや世界でナンバーワンといっても過言ではないと個人的には思っている。もちろん中東の大金持ちだけを相手にしているエアラインのファーストクラスともなれば、とびっきりの美人アテンダントが細やかな心遣いでもっていろいろと世話をやいてくれるのだろう。しかし、ファーストクラスの客であろうと、エコノミーの客であろうと、ほぼ分け隔てなく、上質な「もてなし」を提供してくれるという点においては、おそらく日本の航空会社がナンバーワンではないだろうか。

　さて、こうした日本のエアライン並みの上質な「もてなし」が期待できないアメリカのエアラインにおいてさえも、たとえ45分程度の短い国内線のフライトでも、必ずといっていいほどドリンク・サービスがある。普通、Would you care for some drink, {sir/madam}? と聞いてくるのだが、こういった質問を受けた時には、たいていコーヒー、紅茶の他に、コーラなどのソフト・ドリンク、各種ジュース類が用意されているはずだ。この質問の変形として、稀に Would you like tea or coffee? と聞かれることもある。この時カギとなるのが、**文末のイントネーション**だ。もしフライト・アテンダントが、

(1)　Would you like tea or coffee?

と文末を**上昇調**で発音していれば、上述の Would you care for some drink? とまったく同じ意味となるので、「紅茶やコーヒーなど、何かお飲み物はいかがですか」と尋ねられていることになる。こういった場合は、したがって、水やオレンジ・ジュースが飲みたければ、Water, please あ

るいは Orange juice, please と答えれば、ちゃんと水なりジュースなりが出てくるはずだ。ポイントはとにかく please を付け加えることだ。そうすれば、笑顔で Here you are, {sir/madam} といいながら飲み物を出してくれること間違いなし。ところが、同じセンテンスでも、文末が、

(2) Would you like tea or coffee?

と下降調で終わっている場合、Water, please といくら please をつけて丁寧に答えたとしても、フライト・アテンダントはけげんそうな顔をするだけだろう。**下降調**で終わるということは「紅茶がいいですか、それともコーヒーがいいですか？」という選択疑問文なのだから、AまたはBのどちらかを選ぶことが期待されている。AかB以外のCやDの答えは想定外ということだ。

こうした違いが生じるのはなぜだろうか。**音調（イントネーション）**は話者の感情が反映されているといわれるが、上昇調は一般的に疑問文や呼びかけの語句でみられるパターンで、発話が終了していないことを示す。これに対し、下降調は平叙文、命令文などのいわゆる「いいきり型」の文で用いられることが多い。同じ tea or coffee でも下降調であれば、紅茶かコーヒーのどちらがいいのかということだけを尋ねているのだから、その先に含意されているものはとくにない。ところが、tea or coffee を上昇調で発音すると、「紅茶かコーヒーなどなど」とその先にプラス・アルファの要素が加わる可能性があることを示唆している。つまり、その分答える側の選択の幅も広がるということになる。

さらに学びたい人のために

■ ジーン・エイチソン『言語変化：進化か、それとも衰退か』リーベル出版 1994 年

原著 *Language Change: Progress or Decay?* の訳本。言語変化はどのように起きるのか、またそもそもなぜ起きるのかということを、歴史上の現象だけではなく、現在進行中の変化、言語習得、言語障碍（しょうがい）などの証拠とともに解説している。

■ 安藤貞雄・澤田治美『英語学入門』開拓社 2001 年

英語学という学問分野についての解説からはじまり、体系的に英語学について学べる良書。第3章の「英語のフォニックス」、第4章の「音声学・音韻論」で、英語の綴（つづ）り字と発音から音素、アクセント、イントネーションにいたるまでのほぼすべてのトピックを網羅的に学習できる。

■ 稲木昭子・堀田知子・沖田知子『新 えいご エイゴ 英語学』松柏社 2002 年

音韻論をはじめとした英語学の各領域についての解説はもちろんのこと、英語の歴史、変種、コミュニケーションなど幅広いトピックを扱っている。最終章はコーパス言語学的視点を取り入れた研究手法を紹介しており、他の入門書にはみられないユニークなアプローチをとっている。

■ 窪薗晴夫『日本語の音声』岩波書店 1999 年

連濁、いい間違いなどごく身近な日本語の音声現象をデータとしながら、音韻論の基本的な考え方と分析法について解説している。身近な日本語の例を豊富に用いながら、音声を理論的に分析する手法についてわかりやすく説明している良書。

■ 窪薗晴夫・溝越彰『英語の発音と英詩の韻律』英潮社 1996 年

音声学の基本的な概念や用語についての解説も丁寧で、わかりやすく、初級〜中級向けの概説書。とくに第 3 章の音節構造と言語文化は、英語のネーミングやことば遊びなど身近な例が多く引用されており、音韻論に対する視野を広げてくれる興味深い 1 冊。

■ 牧野武彦『日本人のための英語音声学レッスン』大修館書店 2005 年

同書の最大の特長は日本語との対比で英語音声学を捉えている点である。英語などの外国語の本質を知る上では、まず母語についての知識は必要不可欠である。日英語の比較に基づいて音声学の基本的考え方を解説している良書。

■ 竹林滋・斎藤弘子『英語音声学入門』大修館書店 1998 年

英語の音素、アクセント、イントネーションなど英語音声学の基礎的知識がこの 1 冊でほぼすべてカバーできる。一般的に出回っている音声学テキスト類の付録の音源データはいい加減なものも散見されるが、同書の音声データは正確なアメリカ英語が吹きこまれており、発音学習のテキストとしても大いに役立つ。

■ 竹林滋・渡邊末耶子・清水あつ子・斎藤弘子『初級英語音声学』大修館書店 1991 年

初歩的な音声学の入門書であるが、英語の音素、アクセント、イントネーションなど音声学の基本的な重要概念はすべて網羅してある。はじめて英語音声学を学習したい人向けに具体例や練習問題が多く用意されている。上記『英語学音声入門』の「妹版」的位置づけ。

■ 山崎紀美子『スペリングと発音のしくみがわかる本』研究社ブックス 1998年

タイトルのとおり、英語のスペリングと発音の関係を扱っている。英語のスペリングのしくみについての理解を深めることで、英語の発音は(意外なことに)規則的な部分が多いことに気づく。具体例が豊富。

■ 安井泉『音声学』開拓社　1992年

すでにある程度音声学の基本的知識を有している人が、さらに網羅的に英語音声学を学習する際にはお勧めの中級者向け概説書。音変化、音結合、音調など幅広いトピックを扱っているが、とくに強勢の仕組みについて丁寧に解説されている。

第5章

英語の語彙、どっちが正しい?

男性の woman doctor がいる。新聞ではない newspaper がある。複数形に a がつくことがある。何も指さない代名詞がある。shout と laugh が同じ「式」で表すことができる。彼の方に箱を投げる (throw him the box) ことはできても、箱を押す (× push him the box) ことはできない。これからみなさんを不思議な「ことばの世界」に案内しよう。

5.1

こちらもチェック→ 3.11 4.12

speak と leak

単純化されるのはどっち？

　タクシーのことを taxi とも cab ともいうが、これはタクシーの正式名称 taximeter cabriolet からきている。最初の taximeter（料金をメーターではかる）を省略したのが taxi、2つ目の cabriolet（クーペ型の自動車）を省略したのが cab。タクシーは乗り物だから「自動車」を意味する cab の方が理屈的には「正しい」が、日本では taxi の方が定着している。

　このように、長い単語が短くなるという単純化はよく見られる。

(1) a. horseless carriage（馬なし馬車）→ car
　　b. facsimile transmission（ファクシミリ通信）→ fax
　　c. refrigerator（冷蔵庫）→ fridge

(1c)の refrigerator のように、1つの単語がさらに単純化されることだってある。実は、動詞の不規則形のほとんどは、この単純化の「副産物」なのである。例えば、動詞 make の過去形はもともと規則形の maked であった。

(2)　make + -ed（過去時制）= **maked** → **made**

(2)にあるように、規則形 maked の場合、動詞（make）と過去時制（ed）の2つのパーツからできている。これが単純化されて、過去時制（ed）がついていないかのような形になったのが、不規則形の made である。

　ここで重要なのは、**不規則形は記憶**するものだということである。

(3) a. ˣMy teacher **holded** the rabbits.　　（先生がうさぎを**抱いた**）
　　b. Someone **treaded** on my hat.　　（だれかが僕の帽子を**踏んだ**）

(3a)ではアメリカ人の子どもがhold の過去形として、不規則形のheld ではなく規則形のholded を間違って使っている。理由は単純で、不規則形を記憶していない場合、規則形(= ed 形)を使うしかないからである。これは大人でも同じである。(3b)ではアメリカ人の大人がtread の過去形として、不規則形のtrod ではなく規則形のtreaded を使っている。実は、あまり使われない(=あまり聞き覚えのない)不規則形は規則形になる傾向があるのである。古英語の不規則形が現代英語の倍近くあったことを考えると、不規則形は使用頻度が少なくなれば記憶から消され、規則形になる運命にあるといえる。事実、(3b)のtread の過去形として、不規則形(trod)と規則形(treaded)の両方がすでに辞書に載っている。

　ここで、音と不規則形の関係を見てみよう。

(4) a.　sp**eak** – sp**oke** / l**eak** – ×l**oke** (leak**ed**)
　　b.　w**in** – w**on** / s**in** – ×s**on** (sinn**ed**)

speak の過去形はspoke だが、音が似ているleak(秘密を漏らす)はloke にはならず規則形のleak**ed** になる。同様に、win はwon となるが、sin (罪を犯す)はson ではなく規則形のsinn**ed** となる。また、wr**ite** とb**ite** のように、音が似ていても不規則形が異なる(wrote/bit)ものもある。このように、規則性がないように思われる不規則形には、実は言語の基本的な仕組みが使われている。それは、sp**eak** とsp**oke** のように、母音(だけ)を変えるという仕組みである。この仕組みは他の現象にも見られ、自動詞と他動詞の区別(例：r**i**se – r**ai**se)や動詞と名詞の区別(例：s**i**ng – s**o**ng)にも母音変化が使われる。さらに、日本語でも自動詞と他動詞の区別に母音変化が使われている(例：あがる(ag**a**ru)– あげる(ag**e**ru))。

　不規則形は言語の基本的な仕組みが使われる「規則的」な現象といえるのである。

5.2

こちらもチェック → 3.17　1.1　1.9

fire と shout

意味的な規則が見られるのはどっち？

整いました！「ライフルとかけまして、怠け者の労働者と解く」——その心は？　これは、英語のなぞかけである。その心は、両方とも 'can be **fired**'（発砲される／くびにされる）である。fire に 2 つの意味があることを利用している。では、クイズも 1 つ。「青い本が青い本でなくなるのは、どんな時？」——答えは、'when it is **read**'（読まれた時）である。これは、read［レッド］(read(読む)の過去分詞)と red［レッド］(赤い)のダジャレである。fire のように、2 つ(以上)の意味を表す単語や、read と red のように、同じ音で表される単語は数多く見られる。単語や音をケチって 2 つ(以上)の意味を表す点で経済的であるからである。

これに対して、2 つ(以上)の別々の単語が同じ意味を表す同義語は極めて少ない。1 つの意味に対して複数の単語を使うため、経済的ではないからである。多くの場合、同義語はニュアンスの違いを示す。例えば、「やせている」を意味する slim と skinny の場合、slim は魅力的であるが、skinny は魅力的ではない。また、「警官」を表す policeman と cop では丁寧さが異なる(policeman の方が丁寧)。このように、「魅力」や「丁寧さ」といった**度合いの違い**がニュアンスの違いとなって現れている。いいかえれば、度合いの違いが同義語を生み出しているのである。同じことが助動詞にも見られる。

(1)　弱 ◀────── 義務の強さ ──────▶ 強
　　　should　　need to　　have to　　must

(1)に示されているように、同じ「義務」を表す場合でも、その度合い(＝義務の強さ)によって、異なる助動詞(＝同義語)が使われるのである。

このように、同義語にはニュアンスの違いがあるが、それ以上に重要なことは、**同義語には規則も見られる**ということである。

　　(2)　shout, whisper, mumble, babble

(2)の動詞はすべて「言う(say)」という意味をもっている(＝同義語である)が、言い方が違うのである。例えば、shout は「大きな声で」言う(＝叫ぶ)であるし、whisper は「ひそひそ」言う(＝ささやく)である。ここで、言い方(＝様態)を x とすると、(2)は以下の「式」でまとめられる。

　　(3)　[x (様態)＋言う(動作)]

　つまり、(3)の x (＝様態)が「ぶつぶつ」なら mumble になり、「ペチャクチャ」なら babble となる。このように、**様態を動作に合体させて１つの単語にする規則**は、英語によく見られる。

　　(4) a.　[x (様態)＋笑う(動作)]
　　　　　　例：x ＝声を立てて → laugh, x ＝ニヤニヤ → grin
　　　b.　[x (様態)＋歩く(動作)]
　　　　　　例：x ＝大股で → stride, x ＝ゆっくり → amble

さらに、この規則は使役構文にも見られる。英語では、同じ「使役」を表すのに異なった使役動詞(＝同義語)が使われる。

　　(5)　Asami {**made**/**let**} Suzy run. / Asami **got** Suzy to run.

(5)の使役動詞も(3)と同じ規則からつくり出される。

　　(6)　[x (様態)＋使役(動作)]

(6)の x が「強制」なら make、「許可」なら let、「説得」なら get となる。様態を動作に合体させるのが英語の特徴なのである。
　同義語にはニュアンスの違いとともに、規則も見られるのである。

5.3 rats-eater と mice-eater

いえないのはどっち？

こちらもチェック→ 4.10

「ローマは一日にして成らず」——このことわざを英語でいうと、

(1)　Rome was not built in a day.

となる。このことわざの意味を英語で説明すると、

(2)　Any labour I do wants time.　　（どんな仕事も時間がかかる）

となる。実は、上の文はアナグラム(anagram)なのである。「アナグラム」というのは、文字の組み合わせを変えて別の語や文にすることば遊びである。例えば、train を並び替えると it ran(それは走った)になる。同様に、(1)で使われているアルファベットを並べ替えると(2)になる。並べ替えると同じ意味内容を表す違う文になるのは驚きである。

このような並べ替えを可能にしているのは、ことばがもつ**「組み合わせ(combination)」**の力である。新しい単語をつくり出す際にも、この「組み合わせ」は大いに活用されている。

(3)　ticket office, computer class, delivery service, towel rack, …

上の例はすべて「名詞＋名詞」の形になっている。英語では名詞を組み合わせることで、新しい単語をつくり出せる。しかも、3つ以上の名詞を組み合わせることも可能である。例えば、(3)の ticket office(切符売り場)から **theater** ticket office(**劇場**切符売り場)や **theater** ticket office **manager**(**劇場**切符売り場**主任**)のような単語もつくられる。

単語の組み合わせは、複数形に関しておもしろい現象を見せる。

(4)　a.　**teeth** marks ／ ×**claws** marks

b. **mice**-eater ／ ×**rats**-eater

複数の歯(teeth)の痕や複数の爪(claws)の痕がつくことは実際にある。しかし、(4a)にあるように、teeth marks(歯痕)とはいえるが claws marks(爪痕)とはいえない(claw mark なら OK)。また、(4b)にあるように、「ネズミを食べるモンスター」に名前をつけるとしたら、rats-eater ではなく mice-eater になる。これは、**複数形の不規則形(teeth, mice)は組み合わせることができるが、規則形(＝ s をつける形)は組み合わせることができない**というルールがあるからである。(4b)は実際にアメリカ人の子どもに行った実験結果で、rats-eater という子どもが 1 人もいなかったことが報告されている。つまり、上のルールは、教わらなくても英語話者の頭の中に入っているルールということになる。

　さらに、英語は接辞を使って単語をつくり出すこともできる。

　(5)　change*able*(変化**可能な**)，regular*ity*(規則**性**)，organ*ize*(組織**化する**)

接辞の場合も、2 つ以上の組み合わせが可能である。例えば、changeable から *inter*changeable(**交換**可能な)や *inter*changeable*ness*(**交換**可能**性**(＝互換性))のような単語がつくられる。実は、この場合もルールがある。

　(6)　democrat*ism*s ／ ×democrat*sism*

(6)にあるように、民主主義者(democrat)による理論(*ism*)が複数あることを示す democrat*ism*s はいいが、複数の民主主義者(democrats)による理論 democrat*sism* はダメである。これは、**複数形の規則形(＝ s をつける形)には接辞をつけることができない**というルールがあるためである。そのため、複数の民主主義者による理論というのが実際にはあり得ても、democrat*sism* は単語として成り立たないことになる。

　このように、複数形の s は単に「複数」の意味を表すだけではなく、自由な「組み合わせ」に歯止めをかける役割もしているのである。

5.4

こちらもチェック→ 4.5 4.9

supermen と supermans

「スーパーマン」の複数形はどっち？

日本のプロ野球は全部で12球団ある。この中で広島カープだけは「ある物」がない。これは、12球団のシンボルを英語にするとわかる。阪神 Tigers, 読売 Giants, 中日 Dragons, ヤクルト Swallows, 横浜 Bay Stars, ソフトバンク Hawks, 西武 Lions, ロッテ Marines, 日本ハム Fighters, オリックス Buffaloes, 楽天ゴールデン Eagles。そして、広島 Carp。もうおわかりかと思うが、広島カープだけ「複数形の s がない」のである。この理由は単純で、carp（コイ）は単複同形（単数形も複数形も形が同じ）だからである。実は、当初は「広島 Carps」だったのが、carp は単複同形だとの指摘を受け、現在の「広島 Carp」になったとのことである。

しかし、英語のルールに従うなら「広島 Carps」とするべきなのである。その証拠に、魚の名前である marlin（カジキ）は carp と同じく単複同形（=複数でも marlin）であるが、マイアミにあるメジャーの球団名は Florida **Marlins** となっている。つまり、球団名では複数形の s が使われているのである。これは、marlin が本来の魚の意味ではなく、単に球団の名前（=シンボル）を表すためである。このように、名詞が**本来の意味で使われない場合は複数形の規則に従う（= s をつける）**というのが、英語のルールなのである。さらに、次の例を見てみよう。

(1) a. Hollywood relied on the three **Supermans** and the two **Batmans**.
   b. **The Childs** are great cooks.

(1a) の Superman や Batman はマンガのヒーローの名前であり、「スーパー

マン」シリーズ(3作)や「バットマン」シリーズ(2作)という意味で使われている。単に名前を表すため、複数形の規則に従い、複数形のsをつけた形になっている。man の複数形が men だからといって ×Super**men** や ×Bat**men** にはならないのである。同様に、(1b)の the Childs も「チャイルド夫妻」という人の名前を表している。よって、child の複数形が children だからといって、the Children にはならない。

life のように -f(e)で終わる名詞の複数形は -ves になる(life-**lives**)。また foot の複数形は feet である。しかし、(2)はどちらも正しい複数形である。

 (2) low**lifes**, flat**foots**

これは、単語の意味を考えればわかる。lowlife は「ろくでなし」、flatfoot は俗語で「警官」を意味する。つまり、life や foot の本来の意味を表していないため、複数形の規則(= s をつける)に従うのである。

同じことが動詞の過去形にも見られる。

 (3) a. They **ringed** the city.   (The phone **rang** を参照)
   b. Jun **grandstanded** to the crowd.

           (Haruna still **stood** there を参照)

(3a)の ring は「包囲する」という意味で、(3b)の grandstand は「スタンドプレーをする」という意味である。この2つの動詞は ring(輪)と grandstand(正面席の観客)という名詞からきていて、不規則変化を起こす動詞 ring(鳴る)や stand(立つ)の意味とは異なる。このように、不規則変化動詞が本来の意味で使われない場合も過去形の規則(= ed をつける)に従い、規則変化(ring**ed**, grandstand**ed**)となるのである。

意外に思うかもしれないが、Mickey Mouse には俗語で「混乱」という意味がある。これはすでに mouse 本来の意味を表さないため、複数形(=多くの混乱)にした場合、×Mickey **Mice** ではなく、Mickey **Mouses** となる。世界の Micky Mouse も、ことばの法則には従うのである。

5.5 WOMAN doctor と woman DOCTOR

こちらもチェック→ 4.14

男性の可能性があるのはどっち？

複数形にはaがつかない。×a dogs、×a books、×a girls。どれも間違いである。しかし、複数形にaがつく場合がある。

(1) a. ×a three **pleasant** years
    b. a **pleasant** three years

(1a)の複数形 three pleasant years には a はつかないが、(1b)のように、形容詞 pleasant が three years の前に置かれると a がつく。これは、**形容詞に「まとまりをつくる」働きがある**ためである。

(2)　three **pleasant** years　→　**pleasant** three years

　　　― ― ―　　　　　　　　　―――――――――
　　　A ＋ B ＋ C = 3 years　　|----- 3 years ------|

上の図にあるように、バラバラであった 3 years が、形容詞の pleasant が前に出ることによって、ひとまとまりの期間として捉えられる。その結果、単数扱いとなり、a がつくことになる。

普通は無冠詞で使われる抽象的な名詞が、形容詞がつくことによって a がつくようになるのも同じ原理である。

(3)　There was |**silence** / **a long silence**| after the movie.

(3)の silence（沈黙）は抽象的な意味をもつ名詞であり、普通は無冠詞で使われるが、形容詞の long がつくことで「長い沈黙」という1つのまとまりをもつものとして解釈されるため、a がつく。ここで、不定冠詞 a にも「まとまりをつくる」働きがあることから、冠詞と形容詞が同じ働きをす

ることがわかる。実は、これは他の言語にも見られることなのである。例えば、ドイツ語では、冠詞と形容詞はともに活用変化をして、名詞が主語なのか目的語なのかという格を示す。つまり、冠詞と形容詞が「名詞の格を示す」という同じ働きをしているのである。

さらに、形容詞と名詞が同じ働きをすることもある。次の対比を見てみよう((4)で強く発音される単語は大文字になっている)。

(4) a.　English TEACHER（イギリス人の教師）— ENGLISH teacher
　　 b.　woman DOCTOR（女性の医者）— WOMAN doctor

形容詞が名詞を修飾する場合、強く発音されるのは名詞の方である((4a, b)の左側)。しかし、形容詞(English/woman)の方を強く発音した場合は意味が変わり、ENGLISH teacher は「英語教師」、WOMAN doctor は「婦人科医」のように**複合語**となる。そのため、日本人の ENGLISH teacher も、男性の WOMAN doctor も可能である。この複合語の場合、**形容詞が名詞（の一部）のような働きをしている**ことになる。逆に、名詞が形容詞のような働きをする(＝性質を表す)場合もある。

(5)　A deal is **a deal**.　　　　　　　　　　　　　　　　（約束は約束だ）

(5)において、主語の a deal は具体的な「約束」を指すが、述語の a deal は「約束」の**性質**を表す。よって、(5)は「約束というのは、**はたすべきである**」という意味を表していることになる。ここで、性質を表すのは形容詞の働きである(例：she is **beautiful**)ことから、(5)の述語の a deal は名詞であるにもかかわらず、形容詞と同じ働きをしていることがわかる。実は、同じことが He is a student にも当てはまる。この場合の名詞 a student は具体的な(1人の)学生というより、「学生という立場にある」という主語(he)の性質を表している(＝形容詞の働き)。

このように、異なる品詞が同じ働きをすることがあるのである。

5.6

He was smiling strangely と Strangely, he was smiling

笑い方が変なのはどっち？

日本語の「物事」はすべての事柄を意味する。この世は物と事(=出来事)でできているというわけである。ことばにおいては、物(thing)は名詞で、事(event)は動詞で表されるが、両者は修飾する品詞が異なる。名詞は形容詞に修飾され、動詞は副詞に修飾される。

(1) a. **pretty** dolls：**形容詞** → 名詞の修飾
　　b. run **slowly**：**副詞** → 動詞の修飾

ここで副詞について見ていこう。(1b)のように、副詞 slowly は動詞(run)を修飾するが、副詞の中には、文を修飾し**話し手の判断**を表すものがある。

(2) a. **Probably**, John is a doctor. = **It is probable** that John is a doctor.
　　b. **Certainly**, John is a doctor. = **It is certain** that John is a doctor.

(2a)にあるように、副詞 probably はジョンが医者である(John is a doctor)ということに対して、「ありえる(it is probable)」という話し手の判断を表している。同様に、(2b)の副詞 certainly も話し手の判断(= **It is certain**(きっとそうである))を表している。

このように、副詞には動詞を修飾するものと話し手の判断を表すものがあるが、strangely のように両方の意味をもつ副詞もある。

(3) a. He was smiling **strangely**. 　　　　　　　　(動詞の修飾)
　　b. **Strangely**, he was smiling. 　　　　　　　　(話し手の判断)

(3a)のように、strangely が文末に置かれると、動詞を修飾し「彼は**変な風に**笑っていた」という意味になる。一方、(3b)のように文頭に置かれ

ると、文を修飾し「**奇妙なことに、彼は笑っていた**」という話し手の判断を表す意味になる。このように、置かれる位置(文頭／文末)によって、修飾関係(文修飾／動詞修飾)が異なってくるのである。

　実は、助動詞も副詞と同じように扱える。

(4) a.　John **may** be a doctor. = **It is probable** that John is a doctor.
　　b.　John **must** be a doctor. = **It is certain** that John is a doctor.

(4)の助動詞 may と must はそれぞれ It is probable と It is certain に書き換えることができる。つまり、(2)の副詞(probably/certainly)と同じく、(4)の助動詞も「ジョンが医者である」ことに対する話し手の判断を表している。さらに、(3)の副詞 strangely のように、助動詞も2つの意味をもつ。例えば、助動詞 may には「許可(＝許す)」と「話し手の判断(＝かもしれない)」の2つの意味があるが、意味の違いによって否定辞 not との修飾関係(結びつき方)が異なってくる。

(5) a.　Kotoe [**may not**] come. = Kotoe is **not allowed** to come.
　　b.　Kotoe may [**not come**].
　　　　　　　　　　　=It is possible that Kotoe will **not come**.

may が許可を表す(5a)では、**not は助動詞 may を否定**して、「来ることは許されない(＝ may not)」という意味になる。これは(5a)が not allowed(許されない)で書き換えられることからもわかる。(5a)の場合、not が強く発音される。一方、may が話し手の判断を表す(5b)では、**not は動詞 come を否定**して、「来ない(＝ not come)かもしれない」という意味になる。これは(5b)の書き換えにおいて、not が直接 come と関係し、possible(＝かもしれない)とは関係しないことからもわかる。(5b)の場合は、may が強く発音される。このように、助動詞 may が表す意味の違いによって、not との修飾関係が異なるのである。

　副詞と助動詞は話し手の判断を表すことができ、さらには、意味の違いが文中での修飾関係の違いにつながるという共通点をもっているのである。

5.7

こちらもチェック→ 3.1 3.2

Mary finished the bottle と Mary broke the bottle

もうボトルではないのはどっち？

1つの単語が2つ以上の意味をもつ場合がある。

(1) a. Yoshiko walked along the **bank** of the river.
   b. This is the richest **bank** in the city.

(1a)の bank は「土手」という意味であるが、(1b)では「銀行」という意味で使われている。実は、よく使われる set には辞書に 80 以上の意味が載っているのに対し、あまり使われない sever(切断する)には4つ、めったに使われない senesce(老化する)には1つの意味しかない。このことは、**使用頻度が高いものほど意味の数が多くなる**ことを示している。使われ続けるなかで新たに意味が付け加えられるともいえるが、通常、(1)の bank のような同音異義語の間には意味のつながりは(ほとんど)ない。

しかし、**意味のつながりがある場合**もある。

(2) a. Kanae worked for the **bank**.　　　　　　　　　　　　**(会社)**
   b. The store is next to the **bank**.　　　　　　　　　　　**(建物)**

(2a)の bank は会社(=金融機関)としての銀行を表し、(2b)の bank は建物としての銀行を表す。この場合、「銀行」を会社か建物かという異なった側面から捉えている。つまり、(2)の bank は同じ「銀行」という意味でつながっているのである。このような意味のつながりがあるパターンはよく使われている。

(3) a. John spilled coffee on the **newspaper**.　　　　　　　**(品物)**
   b. The **newspaper** fired its editor.　　　　　　　　　　**(会社)**

(3a)は「ジョンは新聞にコーヒーをこぼした」という意味で、newspaperは品物としての新聞を表している。一方、(3b)は「新聞社は編集者をクビにした」という意味で、newspaperは新聞をつくっている会社を表している。つまり、同じ「新聞」に対して、品物か会社かという異なる捉え方をしていることになる。さらに、次の対比を見てみよう。

(4) a.　Mary broke the **bottle**.　　　　　　　　　　　　　（**入れ物**）
　　b.　Mary finished the **bottle**.　　　　　　　　　　　　（**中身**）

(4a)は「ボトルを壊す」という意味で、bottleは入れ物(=ボトル)を表している。一方、(4b)は「ボトルを終わらす(=飲み干す)」という意味で、bottleはボトルの中身(=飲み物)を表している。つまり、同じ「ボトル」に対して、入れ物か中身かという異なる捉え方をしている。

　実は、このような意味のつながりがある(=捉え方を変える)パターンは、不定冠詞の有無においても見られる。

(5) a.　Minami ate **an apple**.　　　　　　　　　　　　　　（**全体**）
　　b.　Minami put **apple** in the salad.　　　　　　　　　（**部分**）

(5a)のように、不定冠詞がついているan appleは「リンゴ丸ごと1つ(=全体)」を表すが、無冠詞のappleは切ったりすったりした「リンゴの1部分」を表す。つまり、「リンゴ」全体を見ているか、部分を見ているかという捉え方の違いによって、不定冠詞の有無が決まるのである。

　(1)のbankのように「土手」と「銀行」の両方の意味を表す単語は日本語にはない。しかし、(2)のように、日本語でも「銀行」という語は「会社」と「建物」を表すことができる。

(6)　　**銀行**に勤める（**会社**）／ 家の近くの**銀行**（**建物**）

意味のつながりがあるパターンは、英語や日本語ということばの枠を越えて見られ、ことばを使う上で欠かせないものなのである。

5.8 knowledge と information

こちらもチェック→ 3.1 4.2

「まとまり」がないのはどっち？

皆さんは、次のA〜Eのうち、どこまでをコップとみなすだろうか？

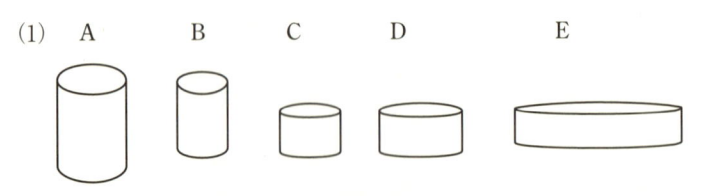

(1)　A　　　B　　　C　　　D　　　E

おそらく、A(とB)は完全にコップであるが、Eはコップというより桶だと思うだろう。しかし、C(とD)に関しては、コップと見る人もいればコップとは見ない人もいるだろう。このように、**ものの捉え方**には、**「そうである」**と**「そうではない」**の他に**「はっきりしない」**という3つのパターンがあることがわかる。

　実は、可算と不可算の捉え方にも、この3つのパターンがある。

(2) a.　There is **a book** on the table.
　　b.　Ken got **information** about it.
　　c.　Taro has ¦**a knowledge** of English / much **knowledge** about animals¦.

可算名詞(aがつく)と不可算名詞(aがつかない)の区別は、**まとまりのあるものとしてみなせるかどうか**というものの捉え方による。例えば、(2a)のbook(本)はまとまりのあるものと**みなせる**が、(2b)のinformation(情報)はまとまりのあるものとは**みなせない**。一方、(2c)のknowledge(知識)は、「英語の知識」という1つのまとまりのあるものとみなす場合もあれば、動物についての「漠然とした知識」のように、まとまりがない

ものともみなせる。つまり、knowledge はまとまりがあるかどうかに関して**はっきりしない**ことになる。

ここで、knowledge も information も同じように目に見えないものを表すのに、なぜ information だけが必ず不可算名詞になるのか、疑問に思う人がいるかもしれない。この「感覚」は、ある意味、当たっている。事実、冠詞をもつフランス語、ドイツ語、スペイン語では、「情報」という単語は形容詞がつくと可算名詞として使われる(= a がつく)。つまり、「まとまり」という捉え方は言語間でも揺れがあるのである。いいかえれば、英語話者は「information はまとまりがない」という捉え方を共有していることになる。

さらに、まとまりとして捉えられるかどうかは、単数形と複数形の区別にも影響を与える。

(3) a.　We have **noses**.　　　　　　　　　　　　　　(鼻がある)
　　b.　We held our **breath(s)**.　　　　　　　　　(息を殺す)
　　c.　We {lost our **way** / took our **time**}.　(道に迷う／時間をとる)

「鼻がある」という文は、主語に we を使った場合、複数の人間がいるのだから noses となるのか、1人1人には鼻は1つしかないのだから a nose になるのか、悩むところである。しかし、「鼻」のようにまとまりのある個体として捉えられるものの場合は、通常、(3a)のように複数形になる。一方、(3b)の breath(息)のようにまとまりがあると捉えにくいものは、複数でも単数でもいい。つまり、話し手の判断にばらつきがあることになる。これが(3c)の空間(way)や時間(time)になると、まとまりのあるものとはみなされず、必ず単数形になる。このように、英語話者はこれらの捉え方を共有しているのである。

可算と不可算の区別は、実際に**まとまりがあるかどうかではなく、まとまりとしてみなされるかどうか**が問題となるのである。

5.9 I play the guitar と I bought the guitar

特定のギターを指しているのはどっち？

こちらもチェック→ 3.3

「楽器には定冠詞 the をつける」——そう習ったことがある人は多いと思う。しかし、この the の用法は「特殊」な用法なのである。

(1) a. Keiko often plays **a guitar** which she bought in America.
    b. Nao plays **guitar** in the church band.

(1a)のように、関係節で修飾されているような場合は、楽器に不定冠詞の a がつく。この場合は、具体的なギター(=アメリカで買ったギター)のことについて述べている。さらに、(1b)のように、楽器が無冠詞で使われた場合は、具体的な楽器(ギター)ではなく、バンドでの「役割(=ギターを弾くこと)」を表す。これは、by car や by bicycle のように、car や bicycle が無冠詞で使われることで、具体的な乗り物ではなく「手段」を意味するようになるのと同じである。

これに対して、the の基本的な働きは物を特定することである。よって、(2a)は特定のギター(= the guitar)を買ったことを述べている。

(2) a. I bought the guitar.
    b. I play the guitar.

一方、(2b)はギターという楽器を弾くという意味になる。いいかえれば、ギターという種類の楽器ならどれでも演奏することを意味する。つまり、**(2b)の the guitar は不特定のギターを表している。**この the の用法は**総称の the** とよばれるが、正確には総称を表す特定の表現は英語にはない。その証拠に、定冠詞 the 以外でも総称を表すことができる。

(3) a. **The horse** is a friendly animal.
　　b. **Horses** are friendly animals. (**馬というのは**人懐っこい動物だ)

「馬」の総称の意味を表す英文として、(3a)のように the を使う場合もあるが、(3b)のように複数形(horses)を用いることの方が多い。さらに、不定冠詞の a も総称の意味を表す場合がある。これらのことは、総称を表す特定の表現が英語にはないため、冠詞や複数形で**代用**していることを示している。このように、複数の語で代用されるため、意味の違いも生ずる。(3a)は、the に特定する働きがあるため、「人懐っこい」ことが例外なく馬全体の特性であることが含意される。一方、(3b)の複数形の場合は、例外もあること(= most horses)が含意される。

　このような代用の例は他にも見られる。

(4) a. Akio returned to his seat.
　　b. Everyone returned to his seat.

代名詞の his は特定の人を指すため、(4a)の his は主語のアキオを指す。ところが、(4b)は「みんなが**それぞれの席に**戻った」という意味になる。つまり、(**4b**)**の his は不特定の人を指している**。(4b)の場合は his or her seat ともいえることから、不特定の人を表す everyone のような語に対応する代名詞が英語にはないことがわかる。よって、his や her で代用しているのである。代用しているだけで、本来の代名詞としての働きをしていないことは、次の例からも明らかである。

(5)　If **anyone** calls, tell **him** that I'll call back.

(5)では、anyone(誰か)に対して代名詞の him が使われているが、電話が誰からもかかってこない場合もある。その場合、him は誰も指さないことになる。つまり、本来の代名詞ではなく、単に代用されているだけなのである。

　語が単に代用されている場合があることを覚えておこう。

5.10 go to the barber's place と go to the barber's

髪を切らないのはどっち？

日本語で「学校に入る」ことを「入学する」ともいう。この場合、名詞の「学校」と動詞の「入る」を合体させた形になっている。しかし、この2つは微妙に意味が異なる。

(1) a. ハルヒサは<u>水を飲むために</u>**学校に入った**。
    b. ×ハルヒサは<u>水を飲むために</u>**入学した**。

(1)の対比にあるように、水を飲むために学校に入ることはあっても、水を飲むために入学することはない。「入学する」の場合は「勉強する」という学校の目的しか意味しないのである。

同じような現象が英語にも見られる。

(2) a. Mitsuko went to **the school** <u>to drink water</u>.
    b. ×Mitsuko went to **school** <u>to drink water</u>.

(2)の対比にあるように、英語の場合、冠詞 the の有無で意味が異なる。(2a)の the school は学校という建物を意味し、「水を飲むため(to drink water)」に go to **the school**(学校に行く)といえる。しかし、水を飲むために go to **school** はできない。なぜなら、(2b)のように school が無冠詞の場合は「勉強する」という学校の目的しか意味しないからである。

冠詞の有無が意味の違いにつながる例は他にもある。

(3) a. the destruction of **the city**
    b. **city** destruction

(3a)と(3b)はともに「都市の破壊」を意味するが、両者は意味が異なる。

(3a)では the city が使われ、「具体的な都市の破壊」を意味する。一方、(3b)のように、「名詞(city)＋名詞(destruction)」の形をとり、無冠詞の city が destruction を修飾する場合は「都市一般に関わる破壊」という抽象的な意味になる。

　実は、意味の違いを起こすのは冠詞の有無だけではない。

(4) a.　John's wife, Reiko's book, the teacher's absence ...
　　b.　Denny's (store), McDonald's (store) ...

(4a)にあるように、英語では所有関係を表す際に、名詞にアポストロフィー s (= 's)をつける。しかし、(4b)のように、アポストロフィー s の後が店(store)のような場所(place)を表す名詞の場合は省略される(デニーズやマクドナルドの看板をチェックしてみよう！)。おもしろいことに、この省略の有無も意味の違いを起こす。次の対比を見てみよう。

(5) a.　Kosuke goes to **the barber's place** once a month to have a chat.
　　b.　×Kosuke goes to **the barber's** once a month to have a chat.

(5a)のように、「おしゃべりするため(to have a chat)」に go to **the barber's place**(床屋に行く)といえる。しかし、おしゃべりをするために go to **the barber's** はできない。なぜなら、(5b)のように place が省略された場合は「髪を切る」という床屋の目的しか意味しないからである。このように、place の省略の有無が意味の違いを起こしているのである。

　「入らせてください」は英語で Let me come in という。この場合、動詞の come を省略して Let me in ともいえる。しかし、後者の場合、単に部屋に入るだけではなく、そこで行われている活動に参加することも意味する。冠詞の有無や省略の有無によって、意味の違いが起こるのである。

5.11

Jack put all his money in a bank と Jack banked all his money

預金しなかったのはどっち？

すでに辞書にも載っているが、名詞の second は動詞としても使われ、主に受け身の形で「臨時に派遣される」という意味を表す。

(1) The soldiers **were seconded** to help farmers.

しかし、これはイギリス英語であってアメリカ英語ではないらしい。事実、知り合いのアメリカ人女性は、イギリス人の旦那さんが second を動詞として使っていて「びっくりした」そうである。つまり、(1)のように単語が品詞を変えて新たに使用される場合、あまり使われないものから自然に使われるものまで、定着の程度に差があることがわかる。

名詞がそのままの形で動詞として使われるというのは、英語の大きな特徴である。歴史的にみても、英語の動詞の約5分の1がもともと名詞だったともいわれている。しかし、名詞が動詞として使われる場合、「暗黙のルール」が存在する。

(2) a. The airplane **flew** away. 　　　　　　　(飛行機が<u>飛び去った</u>)
　　b. Nobu **flied** out.　(ノブは<u>フライを打ち上げ</u>アウトになった)

(2a)にあるように、動詞 fly(飛ぶ)の過去形は不規則変化の flew である。しかし、(2b)では動詞 fly の過去形として、規則変化の flied が使われている。実は、動詞の過去形のつくり方にはルールがある。(2b)の動詞 fly は野球用語で「フライ(a fly)を打ち上げる」という意味で、名詞の fly がそのまま動詞として使われた例である。このように、**名詞が動詞で使われた場合、必ず過去形は規則変化となる**(= **ed** がつく)。

このような語の形に関するルールの他に、意味的なルールもある。「銀行」を意味する名詞 bank が動詞として使われる例を見てみよう。

(3) a. Jack put all his money in **a bank**.
　　b. Jack **banked** all his money.

(3a)の名詞 bank（銀行）は、(3b)では動詞として使われているが、(3a, b)ともに「銀行にお金を預ける（＝預金する）」という意味を表す。しかし、(3a)の場合は、単にお金を銀行に置いてきた（置き忘れた）という意味も可能であるが、bank が動詞として使われている(3b)では預金するという意味しかない。つまり、**名詞が動詞として使われた場合、意味が限定される**のである。このことは、次の対比からも明らかである。

(4) a. Masahiro **buttered** his toast.
　　b. ×Baikinman **buttered** Anpanman's face.

名詞の butter（バター）は動詞としても使われ、(4a)のようにパンに「バターをぬる」という意味を表す。しかし、(4b)にあるように、バイキンマンがアンパンマンの顔にバターをぬるという状況では、動詞 butter は使えない。この場合は名詞の butter を使って、Baikinman **put butter on** Anpanman's face となる。つまり、名詞の butter が動詞で使われると、「食べるためにバターをぬる」という意味に限定されるのである。

おもしろいことに、意味の限定は目的語の省略にも見られる。動詞 win は目的語に試合（win **the game**）や金メダルのような具体的な賞（win **the gold medal**）をとる。しかし、He won のように目的語が省略された場合、試合に勝ったという意味にしかならない。意味の限定は、語（品詞の転換）と文（目的語の省略）の両方で見られるのである。

5.12

John as well as I is wrong と
John as well as I am wrong

正しいのはどっち？

英語では、主語と動詞が「数」という点で一致する。

(1) a. **The man with two children** {is/×are} in the park.
   b. **John and I** {×is/×am/are} in the park.

(1a)では、be動詞はtwo children(複数形)ではなくthe man(単数形)と一致してis(＝単数形)になっている。これは、名詞句 The man with two children の中心はあくまで男(the man)であって男と一緒にいる2人の子ども(two children)ではないことを示している。このように、動詞は**名詞句の中心と数の上で一致する**。一方、(1b)の主語 John and I に対してはareが使われている。数の点でいうと、John is であって×John are ではないし、I am であって×I are ではないが、John and I になると are が使われるのである。つまり、接続詞句は内部に単数形しか含んでいなくても複数扱いになる。いいかえれば、A and B 全体で捉えられるため、その内部の要素が動詞と一致する必要はない。動詞と数において一致する要素がないということは、**接続詞句には中心がないことを意味する**。

接続詞句の中には as well as や not only … but also … や either … or … 等も含まれるが、動詞との一致の仕方はさまざまである。

(2) **John** as well as I **is** wrong. / Not only John but also **I am** wrong.

(2)にあるように、**A as well as B**（Bばかりでなく**Aも**）の場合は、動詞はAと一致するため、Johnに合わせてisとなっている。これに対して、Not only A but also **B**（Aだけでなく**Bも**）の場合は、動詞はBと一致するため、Iに合わせてamとなっている。このように、意味的に強調され

第 5 章　英語の語彙、どっちが正しい？

ているものが動詞と一致する。さらに、次の例を見てみよう。

(3)　Either she or **I am** wrong.

（彼女と私のどちらかが間違っている）

(3) の either A or B の場合は、動詞は B と一致するため、I に合わせて am となっている。つまり、**動詞に近いものが動詞と一致**するのである。このように、「強調されている」ものや「近い」ものが動詞と数の上で一致するという「裏技」が可能なのも、接続詞句に中心がないからである。事実、(1a) の名詞句の場合は、be 動詞 (is) は近い方にある two children と数において一致していないし、たとえ two children が強く読まれ意味的に強調されたとしても are にはならない。あくまで、動詞と一致するのは名詞句の中心である the man なのである。

　中心がないことは、判断の「揺れ」も引き起こすことになる。(3) と同様に、Neither A nor B の場合も動詞は近い方の B と一致する（例：Neither she nor **I am** wrong）。しかし、話しことばでは複数形もよく使われる（例：Neither she nor I **are** wrong）。さらに、次の例も見てみよう。

(4)　Give Al Gore and I a chance to bring America back.

「アルゴアと私にアメリカ再建のチャンスをください」── ビル・クリントンのことばである。この発言に対して「クレーム」がきた。×Give **I** a chance ではなく Give **me** a chance なのだから、(4) は Give Al Gore and **me** となるはずだ。── このように判断が揺れるのは、A and B があくまで全体で捉えられるためである（(1b) 参照）。つまり、(4) では Al Gore and I 全体が give の目的語であり、その内部にある I までもが必ずしも目的語 (me) になる必要はないため、判断が揺れるのである。

　接続詞句の「特殊」な振る舞いは、接続詞句に中心がないことからきているのである。

5.13

こちらもチェック→ 3.19 1.4

He lives in Boston と
He is living in Boston

仮住まいはどっち？

次の2文は意味が違う(大文字は強く発音される単語を表す)。

(1) Take it EASY. / TAKE it easy.

同じ take it easy でも、easy が強く発音されると「気を楽にして(無理をしないで)」という意味になる。「お先に失礼」という帰る際のあいさつとしても使える。一方、take を強く発音した場合は、「落ち着いて」となだめるひとことになる。このように、強く発音する語を変えることで、意味の違いが出てくる。

しかし、強く発音するといった「見える」ものだけが意味を決定するわけではない。むしろ、「見えない」ものが意味を決定づける。

(2) a. Yukihiko **is reading** a book.　（ユキヒコは本を**読んでいる**）
    b. The train **is arriving**.　　　（電車が**到着しかけている**）

(2a)は読んでいるのに対して、(2b)は(まだ)到着していない。(2)は両方とも進行形の文であるのに、なぜ、このような意味の違いがあるのだろうか？ これは、(2a)の read と(2b)の arrive の「見えない」意味を考えるとわかる。read は「する」という**行為**(= **do**)を表すが、arrive は「到着していない→到着する」という**変化**(= **become**)を表す。この「行為」と「変化」という見えない意味が進行形の意味を決めているのである。

(3) a. **be reading** = **行為の途中**(doing) = **読んでいる**
    b. **be arriving** = **変化の途中**(becoming) = **到着しかけている**

マンガ『北斗の拳』の主人公ケンシロウの決めことばは、「おまえは、

もう死んでいる」である。これを英語にすると、(4)になる。

(4)　You are already dead.

「死んでいる」は You're dying とはならない。なぜなら、die は「生きている → 死ぬ」という変化（= become）を表すため、進行形にすると You **are becoming** dead（死にかけている）という変化の途中を意味するからである。つまり、「死んでいる」のような状態を表す場合は進行形にできないのである。事実、状態を表す動詞は進行形にできない。

(5)　He *is* |×**resembling** his father ／ ×**knowing** French|.

(5)がダメなのは、**進行形には「そのうち終わる」という意味がある**ためである。例えば、I'm running は「そのうち走り終わる」ことが含意される。しかし、(5)の resemble（似ている）や know（知っている）という動詞は、（通常）ずっと続く状態を表すため、「そのうち終わる」という進行形の意味とは合わないことになる。いいかえれば、一時的な状態（= そのうち終わる状態）を表す場合は進行形が使えることになる。例えば、He lives in Boston は「ボストンに住んでいる」という状態を述べているだけであるが、He **is living** in Boston と「わざわざ」進行形にした場合は、「一時的に滞在している」というニュアンスが出てくる。同様に、The statue **is standing** here は、銅像が一時的に立っているだけで、いずれ違う場所に移されることが含意される。

おもしろいことに、文脈によっては(5)の resemble も進行形になる。

(6)　He is **resembling** his father **more and more**.　　((5)を参照)

(6)は「だんだん（more and more）似てきている」という意味を表す。つまり、(6)の resemble は(5)のような状態の意味ではなく、「似ていない → 似る」という変化の意味を表すため、進行形で使われている。「見えない」意味を見ることで、進行形は捉えられるのである。

5.14 to と toward

こちらもチェック→ 3.6 3.12

方向だけを示すのはどっち？

「枝になっているリンゴ」、「指にはめられた指輪」、そして「壁にかかった絵」。これら3つの共通点がわかるだろうか。

(1) an apple **on** the branch / a ring **on** the finger / a picture **on** the wall

(1)はそれぞれの英訳であるが、すべて on を使って表現できる。on は「接触」さえしていれば、いろんな位置関係に使用できるのである。

このように学校で教わり、一応「理解」はしていた。しかし、「机の上の本」と「壁にかかった絵」の両方が同じく on で表現できることには、ずっと違和感を感じていた。「上にあるもの」と「側面にかかっている」ものは、位置関係があまりにも違うからである。この感覚は当たっていたのだ。英語に近いオランダ語でさえ、「机の上の本」の時は op、「壁にかかった絵」の時は aan といったように、異なった前置詞を使うのである。英語の前置詞の守備範囲は広いことがわかる。

では、次の(2a, b)がもつ2つの意味がわかるだろうか。

(2) a. The mouse jumped **on** the table.
 b. The mouse ran **under** the table.

ここでのポイントは、前置詞の on と under が**動作の場所**と**動作の方向**の2つの意味を表すことである。動作の場所を表す場合は、(2a)は「テーブル**で**ジャンプした」、(2b)は「テーブルの下**で**走った」という意味になる。一方、動作の方向を表す場合は、(2a)は「テーブルの上**へ**ジャンプした」、(2b)は「テーブルの下**へ**走った(走って行った)」という意味にな

る。このように、(2)の on と under は場所と方向の両方を意味するのである。日本語に訳した場合、動作の場所は「で」、動作の方向は「へ」と違う語が使われることを考えると、ここでも英語の前置詞の守備範囲が広いことがわかる。ただし、on と in に関しては、方向の意味を明確にする場合、onto と into が使われるので、英語でも場所と方向の区別がないわけではない。しかし、英語の場合は1つの前置詞で場所と方向の両方をカバーできるのである。

さらに、方向に関しても、英語の前置詞は守備範囲の広さを見せる。

(3) a. Yuki ran **to** the station.
b. ユキは駅**へ**走った(走って行った)。

(3a)の to と(3b)の「へ」はともに方向を表す。しかし、(3a)と(3b)では大きな違いがある。(3a)の ran to the station は駅に着いたことも意味するが、(3b)の「駅へ走った(走って行った)」は駅に着いていない。このことは、距離を表す表現(200 meters)を入れた場合に、より明確になる。

(4) a. Yuki ran <u>200 meters</u> **to** the station.
b. ユキは<u>200 メートル</u>駅**へ**走った(走って行った)。

(4a)は「200 メートル走って駅に着いた」ことを表すが、(4b)は「駅の方向に 200 メートル走った」という意味にしかならない。このように、英語の to は「方向」だけではなく「到達」までカバーできる守備範囲の広い前置詞なのである。よって、(3b)の日本語を英語にするには、方向だけを表す前置詞 toward を用いて、She ran **toward** the station という必要がある。

「丘を**越え**」、「川を**渡り**」はそれぞれ **over** the hill、**across** the river と訳される。日本語では動詞で表すところを、英語では前置詞で表現される。英語の前置詞は守備範囲が広いのである。

5.15

こちらもチェック→ 3.5 3.7

I'll visit China in April と
I'll be back in 3 minutes

in が終点を表すのはどっち？

「イスに座る」を英語にする場合、on the chair と in the chair のどちらになるだろうか？ 正解は「捉え方による」である。通常、on と教わると思うが、ネット検索では in の方が多く使われているという報告もある。これは、どんなイスを思い描いているかによる。お尻をのっけるだけ(=**接触**)のベンチの場合は on the bench であるが、体を包み込む(=**内部に入る**)ひじかけイスの場合は in the armchair となる。しかし、ひじかけイスの奥まで座らず、イスの端(edge)に腰をかけている場合は接触とみなされ、on が使われる(例：He sat **on the edge of an armchair**)。このように、前置詞には**守備範囲**(接触・内部等)があることがわかる。

実は、位置関係を表す語は前置詞や熟語的なもの(例：in front of, to the left/right of など)を合わせても、英語には 80 語程度しかない。物の名前を表す語(=名詞)が1万語近くあるといわれていることからみても、前置詞は非常に少ないといえる。そのため、前置詞の使用範囲はかなり広い。

(1) a. Toshi is **in the room**. [空間]　　　　　　　(**部屋の中**にいる)
　　b. I'll visit China **in April**. [時間]　　　　　(**4月中に**訪問する)
　　c. Tomo is **in trouble**. [抽象概念] (**困難の中に**いる=困っている)

(1a)にあるように、前置詞は基本的には空間(=位置関係)を表すが、時間(=(1b))や抽象概念(=(1c))を表す際にも使われる。

ここで、時間を表す in について見ていこう。

(2)　I'll be back **in 3 minutes**.

(2)は「**3分後に戻る**」という意味である。(1b)の in April が「4月中に」という意味になるのだから、(2)の in 3 minutes も「3分以内」という意味になりそうだが、そうならない。きっかり3分なのである。この違いは、(1b)と(2)の時間関係を図で表すとわかる。

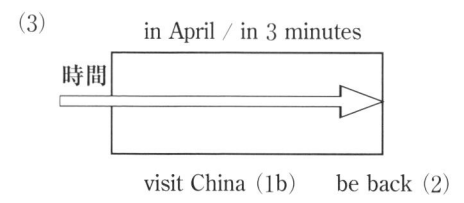

(3)　　　　　in April / in 3 minutes

時間　→

visit China（1b）　　be back（2）

(3)では、矢印は時間の流れを表し、四角で囲まれた部分は時間の範囲(in April / in 3 minutes)を表している。ここで、(1b)と(2)の出来事が(3)の図のどこで起きるかを考えてみよう。(1b)の visit China(中国を訪問する)の場合は、4月中であれば**どの時点で起きてもいい**ことになる。一方、(2)の be back(戻る)は動作の**完了**を表すため、(3)の**矢印の最後(＝終点)に起こる**ことになる。よって、(2)の in 3 minutes はきっかり「3分で」という意味になる。in が表す時間は述語によって決まるのである。

(4)　Kayo ate an apple **in 3 minutes**.

(カヨは**3分で**リンゴを食べた)

(4)の ate an apple(リンゴを1つ食べた)も動作の完了を表すため、in 3 minutes はきっかり「3分で」という意味になる。これに対して、within は内部だけしか表さないため、within 3 minutes は「3分以内」になる。

　前置詞は、それぞれの守備範囲(＝それぞれが表す位置関係)をもちながらも、ダイナミックに使用範囲を広げている。アリが手のひらを這う(across a hand)ことも、バスがアメリカ大陸を横断する(across the country)ことも、同じ across で表される。距離や大きさや形にこだわらない懐の深さも、前置詞が使用範囲を広げられる要因であるといえる。

5.16

have a kick と get a call

視点が定まっていないのはどっち？

電車やバスのような公共の乗り物には「優先席」がある。この優先席は priority seat とも courtesy seat とも訳される。実は、この２つの訳し分けには「視点」が関係している。**priority**(**優先**)の場合は、使用者が座席を優先的に使えることを表す。つまり、座席の**使用者の視点**から見ていることになる。一方、**courtesy**(**親切**)の場合は、周りの人が席を譲る親切心を表す。つまり、**周りの人の視点**から見ていることになる。視点が変われば表現も変わるのである。

視点は、(1)の能動文から受け身文への書き換えにも関係している。

(1) a. John **kissed** Kaori. （能動文）
 b. Kaori **was kissed** by John. （受け身文）

この書き換えのポイントは、文の形が変わることよりも、視点が変わることにある。キスする側(John)に視点を置いた場合は(1a)の能動文が使われ、キスされる側(Kaori)に視点を置いた場合は(1b)の受け身文が使われる。つまり、動詞の形を変える(kiss / was kissed)ことで、視点が変わったことを表しているのである。

実は、英語にはさまざまな「受け身文」がある。

(2) a. Akane **gave** Yoko a call.
 b. Yoko **got** a call from Akane.

(2a)では電話をする側(Akane)に視点が置かれ、**give** a call(電話する)という表現が使われている。これに対して、(2b)では電話される側(Yoko)に視点が置かれ、**get** a call(電話をもらう)という表現が使われている。

このように、動詞を変える(give/get)ことで視点が変わり、受け身文と同じ働きを示すのである。

おもしろいことに、He had a kick の場合は視点が定まらない。つまり、蹴ったのか、蹴られたのかがわからない。この場合は、どのような前置詞が使われるかで視点が定まってくる。

(3) a.　He had a kick **of** the ball.　　　　　(= He **kicked** the ball.)
　　 b.　He had a kick **from** the horse.

(= He **was kicked** by the horse.)

前置詞 of が使われた(3a)は、彼がボールを**蹴った**ことを表し、前置詞 from が使われた(3b)は、彼が馬に**蹴られた**ことを表す。つまり、前置詞を変える(of/from)ことで視点が変わり、受け身文と同じ働きを示すのである。

以上のことから、視点の変え方には2つあることがわかる。1つは、動詞の形(kicked / was kicked)や動詞そのもの(give/get)を変える方法で、もう1つは、動詞(の形)を変えず前置詞(of/from)を変える方法である。

(4) **視点の変え方**：　(i) 動詞を変える　　→ 主語を変える（(1)と(2)）
　　　　　　　　　　(ii) 動詞を変えない　→ 前置詞を変える（(3)）

動詞を変える場合は主語も変わる。例えば、(1a)の能動文の目的語(Kaori)が(1b)の受け身文の主語になっている。一方、**動詞を変えない場合は前置詞だけが変わる**((3)では2文とも主語は He のままである)。

視点は語句の解釈にも関係している。the respect of Megumi には「**メグミが**(誰かを)尊敬する」と「(誰かが)**メグミを**尊敬する」という2つの意味がある。どちらの意味になるかは、メグミをどのような視点で見るかによる。どのような視点で出来事を捉えるかにより、多彩な表現が生み出され、文や語句の意味が決定されるのである。

5.17

こちらもチェック→ 1.16

Ken was hit by the truck on purpose と Ken got hit by the truck on purpose

Ken が「当たり屋」なのはどっち？

受け身文では、**動作を行う者**（＝動作主）を省略することができる。

(1) a. **The truck** hit Ken. 　　　　　　　　　　　　　　（能動文）
　　b. Ken was hit (**by the truck**). 　　　　　　　　　　（受け身文）

(1b)の受け身文では動作主は by 句(by the truck)で表されるが、文脈でわかっている場合は省略可能である。事実、受け身文の80％は by 句が省略されるという報告もある。つまり、動作主が全面に出る（＝主語位置にある）のが(1a)の能動文で、「格下げ」される（＝ by 句になる）のが(1b)の受け身文であるといえる。このように、**動作主の影響力の大きさ**によって、違った文ができるのである。

他の例を見てみよう。受け身には be 動詞を使う受け身（＝ be 受け身）と get を使う受け身（＝ get 受け身）があるが、両者には意味の違いがある。

(2) a. Ken **was hit** by the truck **on purpose**. 　　　　（be 受け身）
　　b. Ken **got hit** by the truck **on purpose**. 　　　　（get 受け身）

上の2文では副詞 on purpose（わざと）の解釈に違いがある。(2a)の be 受け身ではトラックの運転手(by the truck)がわざとケンをはねたことになるが、(2b)の get 受け身ではケンがわざとはねられたことになる（ケンは「当たり屋」なのだ！）。このように、be 受け身では副詞(on purpose)が動作主(by the truck)と関係をもてるが、get 受け身ではもてない。つまり、get 受け身では動作主の影響力がさらに弱いことになる。事実、get 受け身では、通常、動作主の by 句は省略される（例：The ball got lost）。

さらに、get 受け身より動作主の影響力が弱い構文がある。

(3)　This book **sells** well (×by Kazu).　　　　　　（**能動受け身文**）

(3)は形は能動文だが意味は受け身文(This book is sold)のため、能動受け身文とよばれる（日本語で「（よく）売れる」と訳される）。get 受け身とは異なり、能動受け身文では by 句は現れない。その代わりに、主語の性質を表す well のような修飾語が必要である。つまり、(3)は主語(This book)の特徴だけを述べ、動作主(by Kazu)には注目していない。

同じように by 句が現れない文に、(4a)の能格文（= 他動詞が自動詞として使われる文）がある。能格文は修飾語を必要としない。

(4) a.　The door **opened** (×by Kazu).　　　　　　（**能格文**）
　　　　（Kazu **opened** the door を参照）
　　b.　×The door **opened** <u>with a key</u>.

(4a)では他動詞 open が自動詞として使われ「ドアが開いた」ことを意味する。この場合も by 句は現れない。ここで、(4b)にあるように、能格文では道具を表す語句(with a key)も現れることができないが、(3)の能動受け身文では現れることができる（例：The meat **cuts easily** <u>with a knife</u>）。両者ともに動作主を表す by 句は現れないが、道具を使うのは動作主であるため、道具を表す語句をとる能動受け身文には、動作主の影響力が多少あるといえる。それに対して、道具を表す語句が現れない能格文は、動作主の影響力がまったくないことになる。

以上のことから、動作主の影響力が完全にあるものを 100、まったくないものを 0 とすると、構文間の関係は次のようにまとめられる。

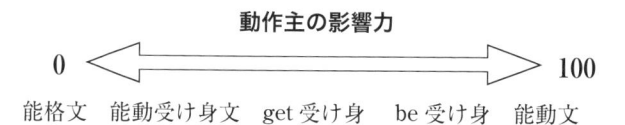

動作主の影響力

0　⟵―――――――――――――――⟶　100

能格文　能動受け身文　get 受け身　be 受け身　能動文

5.18

こちらもチェック→ 3.8 3.9 3.11 1.17

John caused her to go to the store と John caused her to drop her books

引き起こせないのはどっち？

「ウソつき」とは「ウソをつく人」のことである。本当だろうか？「ウソをつく人」は、相手のためにあえてウソをつくという場合にも使える（例：友達をかばってウソをつく人）。しかし、「ウソつき」は悪意をもって日常的にウソをつくという意味しかない。同様に、「銃で殺す」と「銃殺する」も同じではない。「銃で殺す」は、銃で叩くことも意味できるが、「銃殺する」は、銃で撃つという意味しかもたない。このように、**いいかえた場合、意味が違ってくる**のである。

では、次の英文の場合はどうだろうか。

(1) a. Chika **smelled** the perfume. （チカは香水のにおいをかいだ）
    b. Chika **had a smell** of the perfume.

(1a)の動詞 smell は(1b)のように have a smell ともいいかえることができる。この have を使ういいかえは、主にイギリスやオーストラリアの英語で用いられるようであるが、(1a)と(1b)には意味の違いが見られる。(1a)は、主語 Chika が意図的に香水のにおいをかいだことも、偶然（＝非意図的に）香水のにおいをかいだことも、両方表す。しかし、(1b)のようにhave を使っていいかえた場合は、意図的ににおいをかいだことしか表さない。いいかえた場合、意味の違いが出てくるのである。

さらに、具体例を見ていこう。

(2) a. John **killed** Bill.
    b. John **caused** Bill **to die**.

(2a)の kill は(2b)の cause to die といいかえができ、ともに「ビルを殺し

第5章　英語の語彙、どっちが正しい？

た」ということを表す。しかし、両者には意味の違いが見られる。

(3) a. ×John **killed** Bill on Sunday by stabbing him on Saturday.
　b. John **caused** Bill **to die** on Sunday by stabbing him on Saturday.

(3a)にあるように、kill の場合は「土曜日にビルを(刃物で)刺して、その結果、日曜日にビルが死んだ(＝殺した)」という状況は表せない。つまり、刺すという原因(by stabbing)と殺すという結果の間に**時間のずれ**がある場合は kill は使えないのである。これに対して、(3b)の cause to die は、原因と結果の間に時間のずれがあっても構わない。

いいかえることで意味が違ってくることは、文レベルでも見られる。

(4)　John **made** her drop her books. ＝
　　　John **caused** her to drop her books.

(4)にあるように、make 使役文は cause 使役文でいいかえられる。しかし、常に make 使役文が cause 使役文でいいかえられるわけではない。

(5)　John **made** her go to the store. ≠
　　　×John **caused** her to go to the store.

(4)の drop her books の場合は、彼女(her)が本を落としたくなくても落としてしまうことがある。このように、自分でコントロールできないことに対しては cause 使役文が使える。一方、(5)の go to the store の場合は、彼女(her)が店に行きたくなければやめることができる。このように、自分でコントロールできることに対しては cause 使役文は使えない。つまり、させられる人(＝ make と cause の目的語)が自分でコントロールできるかどうかという点において、make 使役文と cause 使役文は意味が異なるといえる。

同じ内容を表しているからいいかえができる。しかし、いいかえることで意味の違いも出てくるのである。

5.19

Mary threw him the box と
Mary pushed him the box

いえないのはどっち？

実際にありえることでも、ことばとして表現できるとは限らない。

(1) a. The ball **rolled** down the hill. 　　　　　　　　　　**(自動詞)**
　　b. The wind **rolled the ball** down the hill. 　　　　　**(他動詞)**

英語の動詞の多くは、自動詞と他動詞の両方で使われる。例えば、動詞 roll は(1a)では「ボールが**転がる**」という自動詞で使われているが、(1b)では「ボールを**転がす**」という他動詞で使われている。しかし、すべての動詞が自動詞と他動詞の両方で使われるわけではない。

(2) a. The balloon **ascended** into the sky. 　　　　　　　**(自動詞)**
　　b. ˟The wind **ascended the balloon** into the sky. 　　**(他動詞)**

動詞 ascend は、(2a)のように「風船が**上昇する**」という自動詞では使われるが、(2b)のように「風船を**上昇させる**」という他動詞では使われない。風(the wind)がボールを転がすこと(=(1b))も、風が風船を空へ上昇させること(=(2b))も、実際にありえることである。しかし、roll の他動詞用法は許されるが、ascend の他動詞用法は許されない。

実は、roll(=転がりながら進む)のように移動の**様態**を表す動詞は他動詞として使われるが、ascend(=**上へ**上がる)のように移動の**方向**を表す動詞は他動詞として使われないのである。つまり、実際にありえるかどうかではなく、様態か方向かという動詞の意味が、自動詞と他動詞の両方が可能かどうかを決めているのである。このように、動詞の意味が文の形を決める例は他にもある。

(3) a.　Mary **threw him the box**.
　　 b.　×Mary **pushed him the box**.

(3a)の throw は二重目的語構文(= SVOO 構文)で使われ、「彼の方に箱をなげる」という意味を表す。これに対して、「彼の方に箱を押す」という状況は実際にありえるが、(3b)の push は二重目的語構文では使えない。この違いも動詞が表す意味の違いによる。(3a)の throw は**瞬間的に**物(= the box)に力を加えて目的地に移動させるが、(3b)の push は**継続的に**物に力を加え続けて目的地に移動させる。この違いが(3a, b)の文法性の違いとなって現れているのである。つまり、実際にありえるかどうかではなく、瞬間的か継続的かという動詞の意味が、二重目的語構文が可能かどうかを決めているのである。

逆に、文の形が動詞の意味を決める場合もある。次の対比を見てみよう。

(4) a.　The tall student **waved** from the roof.
　　 b.　From the roof **waved** the tall student.

通常の英語の語順である(4a)は「背の高い学生が屋根から**手を振った**」という意味を表す。一方、(4b)は**倒置文**であり、場所を表す前置詞句(from the roof)が前にきて、主語(the tall student)が文末に置かれている(= 倒置されている)。おもしろいことに、(4b)の倒置文は「背の高い学生が(旗のように)屋根から**なびいていた**」という、実際にはありえない状況しか表さない。これは、倒置文が「存在や出現」を表すため、(4b)では動詞 wave が「手を振る」という行為ではなく、旗のように「なびいている」という存在を表す意味になってしまうからである。

ことばは実際にありえることだけを表現しているわけではない。「ことば独自の捉え方」があることを覚えておこう。

5.20

こちらもチェック→ 3.15

If you do the shopping, I'll give you some money と
If you will do the shopping, I'll give you some money

先にお金を渡すのはどっち？

現在を基準にすると、現在より前に起こったことは過去、後に起こることは未来。この時間の捉え方では説明がつかない現象がある。

(1) a. If you **go** out in the rain, you'll get wet.
　　b. When I **arrive** there, I'll visit Jun.

(1)で注意すべきことは、if 節と when 節の時制である。両者ともに現在形(go/arrive)が使われているが、内容は未来のことを表している。(1a)は「雨の中、外に出たら」という意味で、まだ外に出ていない。同様に、(1b)は「そこに着いた時」という意味で、まだ到着していない。このように、未来の出来事を表しているにもかかわらず、(1)の if 節と when 節では現在形が使われる。

実は、(1)には2つの節(if 節/ when 節と主節)があることがポイントとなる。ここで、(1)の if 節/ when 節の出来事と主節の出来事の間の時間関係を表すと、以下のようになる。

(2) a. if 節 [go out(外に出る)] → 主節 [get well(濡れる)]
　　　　　　　　　　　　　　　　　　　　　　　　　(=(1a))
　　b. when 節 [arrive (到着する)] → 主節 [visit (訪問する)]
　　　　　　　　　　　　　　　　　　　　　　　　　(=(1b))

(2a)では、if 節の出来事(go out)が先に起こり、その後で主節の出来事(get well)が起こる。同様に、(2b)でも when 節の出来事(arrive)が先に起こり、その後で主節の出来事(visit)が起こる。つまり、**if 節/ when 節の出来事が先で、主節の出来事が後**である。この時間関係を明確にするた

めに、**if 節は現在形（＝時間的に前）、主節は未来形（＝時間的に後）**となる。このように、主節との時間関係を明確にするために、(1)の if 節と when 節では現在形が使われているのである。

おもしろいことに、時間関係が逆転することもある。まず、親が子どもにお手伝いをさせる状況を考えてみよう。この場合は、「買い物してくれたら、（そのお礼として後で）お金をあげる」ことになるため、「if 節 [do the shopping] → 主節 [give you some money]」という順番になる。つまり、**if 節の出来事が主節の出来事より先に起こる**ため、if 節の動詞は現在形(do)となる。よって、親が子どもにいうセリフは(3)になる。

(3) If you **do** the shopping, I'll give you some money.

これに対して、親が子どもに買い物を頼む場合は、「買い物に行ってくれるなら、（先に）お金を渡す」ことになり、(3)とは時間関係が逆転して「主節 [give you some money] → if 節 [do the shopping]」という順番になる。つまり、**主節の出来事より if 節の出来事が後（＝未来）に起こる**ため、if 節にも will が使われる。よって、親が子どもにいうセリフは(4)になる。

(4) If you **will do** the shopping, I'll give you some money.

ただし、普通は(3)のように「if 節／ when 節 → 主節」という時間関係になるため、「時(when)と条件(if)を表す(副詞)節の中では、未来のことも現在形で表す」と説明される。

実は、2つの節の時間関係を明確にすることは、日本語にも見られる。

(5) パリに ｜行った／行く｜ なら、帽子を買うだろう。

(5)で、**パリに行って帽子を買う**（＝「パリに行く」→「帽子を買う」）なら「**行った**」が使われ、**帽子を買ってパリに行く**（＝「帽子を買う」→「パリに行く」）なら「**行く**」が使われる。ことばの世界では、2つの節の時間関係から動詞の時制が決められることがあるのである。

さらに学びたい人のために

■ **スティーブン・ピンカー『言語を生みだす本能(上・下)』NHK ブックス 1994 年**

原著 The Language Instinct の訳本であるが、ともかく知的好奇心を刺激する本である。理論言語学の知見を用いながら、ことばについて縦横無尽に語っている。専門的なこともわかりやすく書いているところが、まさにピンカーの真骨頂でもある。

■ **スティーブン・ピンカー『思考する言語(上・中・下)』NHK ブックス 2007 年**

原著 The Stuff of Thought の訳本であるが、言語に関係する概念を詳しく分析し、人の思考や認識とことばのつながりを追求している。とくに、「物質」「空間」「時間」「因果」というカントの 4 つのカテゴリーに基づき、名詞、前置詞、動詞、時制を考察しているところが圧巻である。

■ **米山三明・加賀信広『語の意味と意味役割』研究社 2001 年**

語の意味に関する理論として「語彙意味論」が挙げられるが、そのアプローチはさまざまである。この本ではジャッケンドフが提唱した「概念意味論」を軸に、語彙の意味に関する理論が概観できるようになっている。やや専門的ではあるが、豊富な具体例を用いて説明されているため、語彙意味論の知見を堪能できるようになっている。

■ **影山太郎『日英比較 語彙の構造』松柏社 1980 年**

古い本ではあるが、日本語と英語の語彙に関して興味深いデータが数多く載っている。とくに、語彙編入という操作を仮定し、日英語の語彙の特性を統一的に捉えようとしているところが興味深い。

第 5 章　英語の語彙、どっちが正しい？

■ 池上嘉彦『日本語と日本語論』ちくま学芸文庫 2007 年

タイトルとは異なり、日本語だけを論じたものではなく、日本語を英語（および他言語）と比較して考察している。そのため、人間言語一般に関する本質に迫るような内容になっている。日本語や英語をより深い次元で理解できる本である。

■ John Lyons, *Semantics 1, 2,* Cambridge University Press, 1977.

意味論における古典的名著である。わかりやすい英語で書かれていて読みやすい。興味深いデータと鋭い洞察力でことばの意味の本質に迫っている。意味論を概観できるとともに、意味論を深く追求する際の基礎ともなる本である。

■ 松岡弘（監修）『初級を教える人のための日本語文法ハンドブック』スリーエーネットワーク 2000 年

皆さんは「運動をする方がいい」と「運動をした方がいい」の違いを説明できるだろうか。この本は日本語を教えるという観点から書かれたものであるが、（無意識に）使えることと説明できることは違うということを改めて実感できるであろう。これは英語話者にとっても同じことであると認識できる本でもある。

■ 畠山雄二（編）『大学で教える英文法』くろしお出版 2011 年

画期的な本である。具体的にいうと、(i)素人からプロ、そして英文法オタクも皆満足してもらえるというコンセプト、(ii)複数の専門家によるオムニバス形式、(iii)専門用語を使わずに理論的な知見を紹介、(iv)1 つの項目が見開き 2 ページで完結、といったことが挙げられる。本書とセットにして読むと、文法の理解がより深まるであろう。

■ 鈴木良次・畠山雄二（編）『言語科学の百科事典』丸善 2006 年

いわゆる「言語学事典」とは異なり、言語に関係する分野も網羅した事典であり、医学、工学、生物学等と関係する言語の項目も含まれている。また、いわゆる「事典」とは異なり、1つの項目が見開き2ページで完結している「読み物」になっている。本書の説明の理論的背景を理解するには最適の本であるといえる。

■ 畠山雄二『理系の人はなぜ英語の上達が早いのか』草思社 2011 年

本書を読んで Science などの科学雑誌の英語を実際に読んでみようと思ったら、この本である。題材はさまざまな科学雑誌から取り上げられた興味深い内容の英文である。実践で英文法が鍛えられ、英文法の醍醐味も実感できる内容になっている。著者の言語観や人生観、科学と言語の関係についての考察もあり、内容的にも楽しめる本である。

あとがき

　小学校で本格的に英語の授業というか英語の教育が始まった。軌道に乗るまでは大変かと思うが、現場の先生方にはぜひがんばってもらいたいものである。
　この時期におよんでも、いまだに、「小学生に英語を教えるのは早すぎる！」とか「小学校の先生が英語を教えるのは無理だ！」と自称専門家が吠えているのを耳にしたりするが、私に言わせたら、英語なんていつからはじめても構わないし、英語を教える適任者なんてそもそも日本にはいやしないのだ。
　いつからはじめても構わないのなら、子どもが英語に興味をもち始めた時に教えてやったらいいし、英語を教える適任者がいないのであれば、やってみたい人が、できる範囲内でできることをすればよい。先生にできないことは、今ではテレビやラジオの英語の番組で十分カバーできる。
　小学校への英語教育に反対する人たちは、二言目には、「英語を教えるぐらいなら国語をもっと教えた方がいい」とわかったような口を利いたりする。このような知ったような口を利く人たちを見るたびに「何言ってんだか……」と思う。
　ただでさえ面白くもない国語の授業である。国語をもっとやらせて国語嫌いの子どもをさらに増やすつもりなのだろうか。そもそも、小学生にもっと国語を教えたらいいというが、これ以上いったい何を教えるというのだろう。
　母語について教えるのは、実は、外国語である英語を教える以上に難しかったりする。こういった本質的なことが何もわかっちゃいないのに、「英語を教えるぐらいなら国語をもっと教えた方がいい」とのたまうのを聞くと、ホント、片腹痛くなる。
　自称識者の「見識」なんて、しょせんこの程度のものなのである。英

語より国語を教えることを優先した方がいいとのたまうにわか保守人間には黙っていてもらいたい。

　子どもたちの知的好奇心を見くびってはいけない。「なんで？　なんで？」と連呼しまくる子どもたちに英語を教えてやらない手はない。知的好奇心が旺盛な子どもたちに英語を教えてやるのは、ある意味、異性に興味を持ち始めた青少年にエロい本を買い与えてやるぐらい「教育効果」があるというものだ。ちょっと違うか……。

閑話休題

　中学生になると、数学や理科といった理系の科目がいきなり難しくなる。そうであるにもかかわらず、さらに中学生を不安に陥れるかのように、入学と同時に得体の知れない英語といったものが入ってくる。中学生はただでさえ精神的に不安定なのに、さらに心をかき乱すかのように英語が入ってくるのだ。

　知的なことに飢え始める小学生の時にこそ、英語を学ばせてやったらよい。そうすれば、ことばのみならず、「知」というもの全般に対して興味をもつようになるし、それに、中学に入って少しはゆとりをもって生活ができるようになるというものだ。

　小学校で英語を教えると英語の嫌いな子どもが出かねないとか、英語を間違って覚えてしまいかねないと言う人がいるが、そういった子どもは、正直なところ、どのみちいつか英語がわからなくなるものであるし、そして英語が嫌いになってしまうものだ。

　英語は音楽（というか楽器）や数学なんかといっしょでセンスが必要である。こんなことをいうと身も蓋もないが、でも実際そうだからしょうがない。

　小学校への英語教育の導入に好意的な私であるが、1つ、というかたった1つだけ気がかりなことがある。それは、英語を教える先生が、はたして、英語が好きであるか、ということだ。

英語の嫌いな先生が仕方なく子どもたちに英語を教えるのは最悪である。いい結果は絶対に望めない。逆に、英語ができなくても、英語を勉強するのが好きで英語が大好きなら、その先生は子どもたちにきっといい影響を与えてくれることであろう。

　さらに言うと、そういった先生に英語を教えてもらうのであれば、子どもたちは、きっと、（文法をあれこれ教えてくれる先生に教えてもらうより）心から英語が好きになるであろう。

　英語が好きな先生、これが小学校で英語を教える先生に必要な第一条件である。同じことが大学の英語教育にもいえる。大学でも、工学系の人や理学系の人、そして社会学系の人で英語が好きな人であれば、どんどん教養の英語を教えたらよい。というか、そもそも英語に教養も専門もない。英語しか知らない英文科出身の人間が英語を教える時代ではもはやないのだ。

　英語を教える適任者が日本にはいないということは、裏を返せば、英語が好きで、教えることが好きな人であれば、誰でも英語を教えることができるということだ。

　正直な話、知識なんかどうでもいい。というのも、私に言わせたら、中学や高校の英語の先生の知識はともかく、大学の英語教員の英語の知識にしても、ほんと、たかがしれているからだ。というか、知識があるといっても体系的なものになっていることはまずなく、断片的な知識の寄せ集めにしかすぎなかったりする。

　そういった中途半端な知識しかもちあわせていないのに、上から目線で教えるのが、実は、教育上、一番よくなかったりする。教育という観点からすると、知識なんかなくてもいいから、とにかく、同じ目線で互いに学ぶぐらいの気持ちでやる方がうまくいくのだ。

　教師といえども、教えながら教えてもらっているという気持ちを忘れてしまった時、その時こそが、生徒ならびに学生にとって真の反面教師になってしまうのだ。

　さらに、英語の知識ということでいうと、大学受験レベルの知識しか

ない人は、知識は点的なものにしかすぎない。ただし、これに英語学の知識が加わると、点的な知識が線的なものへと変化する。そして、日本語文法の知識がさらに加わると、この線的な知識が2次元的な面としての知識へと変貌する。さらに、この2次元的な知識に理論言語学的な知識が加わると、今度は、この2次元的な英語の知識が3次元的な立体的なものへと劇的に変化する。

私に言わせると、英語の知識があるという人は、この意味で、3次元的な立体的な知識を持ち合わせている人に限る。

裕福な家庭の子どもだけが英語の塾に行ける、そういった教育の不均衡を是正するためにも、たとえインフラが十分整備されていなくても、小学校の英語教育はしなくてはならないし、今後さらに力を入れていかなくてはならない。

仮に、どうしても小学校への英語教育の導入が納得いかないのであれば、中学校の英語教育を抜本的に変える必要がある。具体的な話しは割愛するが、一言で言ってしまうと、高校でやる分も中学3年間で一気にやってしまうのだ。今日のように、6年間もかけて英語をチンタラ勉強しているから、実は、英語が嫌いになり、そして英語がわからなくなってしまうのだ。

語学というのは短期集中のスタイルでやらないとダメなのだ。

さて、ちょっと話しが横道にそれてしまったが、とにかく、英語を教える人は、正しく発音ができるできないかはともかく、そして、英文法をちゃんと知っているかどうかはともかく、英語が何よりも好きでないといけない。

どんなに発音が正しくできても、そしてどんなに英文法を知っていても、英語に愛情を感じることがなく教えるのが面倒だと感じる人は、小学校はもとより、中学や高校、そしてもちろん大学でも教えるべきではない。

何はともあれ、英語を教える立場にある者は、何が何でも英語が好きでないといけない。

では、どうしたら英語が好きになるのだろうか……。

　英語をおもしろく感じること、それが英語が好きになる第一歩であり、第二歩であり、そして第三歩ならびに第四歩である。つまり「英語っておもしろいな〜」と心の底から感じること、これが英語好きになるカギであり、そしてカナメでもある。

　そういった気持ちになるためには、さて、いったい何をどうしたらいいのだろうか。やはり、そんな気持ちにさせてくれる本を読むのが一番だ。これが、正直なところ、一番即効性があり、自分の英語の勉強のモチベーションを上げるのにも役立ち、おまけに、子どもに英語を教えるのにも役立ったりする。

　ただ残念なことに、そういった本はあるようでなかなかない。しかも、書いてあることが一読してわかり、さらに読んで楽しく、おまけに英語を学ぶ上で本当に役立ち、さらには、読んだ内容がちゃんと頭に残る形で書かれているものというと、正直、皆無といえる。

じゃ、ないならつくっちゃえ！

ということでできたのが、実は、この本なのである。

　本書を読み終えた皆さんはもうおわかりかと思うが、本書は、まさに、このような目標を達成すべくつくられた本なのである。つまり、英語の勉強が楽しく感じられ、人に「英語ってこんなに面白いんだよ！」と言いたくなる、そんな本をつくるべくしてつくられたのが、まさにこの本なのだ。

　さて、そのようなミッションを遂行するために、私のもとに5人の勇者というか英語教育のエンターテイナーに集まってもらった。そして、各エンターテイナーに、各人の専門の知識を武器に、思い存分英語をネタに、しかも二者択一という「お題」のもとに、個性をちりばめながら英語について熱く語ってもらった。

各エンターテイナーの担当ステージは次の通りである。

第1章　英語の会話に関するもの（井上逸兵）
第2章　英語の語順に関するもの（本田謙介・田中江扶・畠山雄二）
第3章　英語の意味に関するもの（谷口一美）
第4章　英語の音声に関するもの（都田青子）
第5章　英語の語彙に関するもの（田中江扶・本田謙介・畠山雄二）

本書を読み終えた皆さんは、今頃、きっと、「いやぁ、ほんと、最高のステージを見せてもらった」と思っていただいていることかと思う。本書のプロデューサーである私としては、屋外のロックフェスを無事成功させた、そんなすがすがしい気持ちで今は心がいっぱいだ。

本書を刊行するにあたり、上記5人のエンターテイナーの方たちにはとてもお世話になったが、裏方でマネージメントの仕事をしてくださったくろしお出版の斉藤章明氏にはことばにならないほどお世話になった。同氏と私は同世代ということもあり、気心しれていることもあってか、互いにメールでやりとりする仲でもある。信頼関係が築かれた上で仕事をさせてもらったこともあり、本当に気持ちよく最高の仕事をさせてもらった。心が広く、そして腹を割って話し合える斉藤氏には、本当に心から感謝する次第である。

最後になるが、本書をお読みになられ、さらに英語を楽しんでみたいという人には、ぜひ、本書の姉妹編（というか厳密に言うと姉編）である次の本を一読、いや三読することをお薦めする。

『大学で教える英文法』（くろしお出版）

本書と上の本を舐めるように3回ずつ読めば、必ずや、英語に対してかなりの自信がつき、さらには、英語に対して親近感をもてるようになっていることであろう。そして、3回目を読み終えた頃には、きっと、英語が大好きになっていることであろう。

本書をきっかけに英語がますます好きになり、そして、ほんのちょっ

とでも英語ができるようになってもらえるのであれば、本書をつくった労も少しは報われる。また、本書に書いてあることを人に教えてやり、英語に興味をもってくれる人が1人でも増えてくれるのであれば、これまた、これ以上幸せなことはない。

　英語教師がすべきことは、英語ができる子どもを1人でも多く増やすことではなく、英語に興味をもってもらえ、英語が好きな子どもを1人でも増やすことである(英語が好きになれさえすれば、あとは放っておいてもできるようになる)。本書をきっかけに、そんな先生が1人でも増えてくれたらと思う次第である。そして、そういった先生に巡り会うことができなかった人たちには、この本が、ぜひ、「そんな先生」の代わりになってもらえればと思う次第である。

　新宿のプロントでカフェラテを飲みながら

編者

編著者紹介

【編著者】

畠山 雄二（はたけやま・ゆうじ）

1966年静岡県生まれ。東北大学大学院情報科学研究科博士課程修了。博士(情報科学)。現在、東京農工大学准教授。専門は理論言語学。著書に『情報科学のための自然言語学入門：ことばで探る脳のしくみ』（丸善出版）、『ことばを科学する：理論言語学の基礎講義』（鳳書房）、『情報科学のための理論言語学入門：脳内文法のしくみを探る』（丸善出版）『理工系のための英文記事の読み方』（東京図書）、『英語の構造と移動現象：生成理論とその科学性』（鳳書房）、『科学英語読本：例文で学ぶ読解のコツ』（丸善出版）、『言語学の専門家が教える新しい英文法：あなたの知らない英文法の世界』（ベレ出版）、『科学英語の読み方：実際の科学記事で学ぶ読解のコツ』（丸善出版）、『科学英語を読みこなす：思考力も身につく英文記事読解テクニック』（丸善出版）、『理系の人はなぜ英語の上達が早いのか』（草思社）がある。訳書(共訳)に『うまい！と言われる科学論文の書き方：ジャーナルに受理される論文作成のコツ』（丸善出版）、『研究者のための上手なサイエンス・コミュニケーション』（東京図書）、『完璧！と言われる科学論文の書き方：筋道の通った読みやすい文章作成のコツ』（丸善出版）、『まずはココから！科学論文の基礎知識』（丸善出版）、『大学生のための成功する勉強法：タイムマネジメントから論文作成まで』（丸善出版）、『成功する科学論文：構成・プレゼン編』（丸善出版）、『成功する科学論文：ライティング・投稿編』（丸善出版）、『おもしろいように伝わる！科学英語表現19のツボ』（丸善出版）、『テクニカル・ライティング必須ポイント50』（丸善出版）、『実験レポート作成法』（丸善出版）がある。また、編著書に『言語科学の百科事典』（丸善出版）、『日本語の教科書』（ベレ出版）、『理科実験で科学アタマをつくる』（ベレ出版）、『大学で教える英文法』（くろしお出版）がある。

・ホームページ：

　http://www.shimonoseki-soft.com/~hatayu/

【執筆者】

井上　逸兵（慶應義塾大学　教授）

田中　江扶（信州大学　准教授）

谷口　一美（大阪教育大学　准教授）

本田　謙介（茨城高専　准教授）

都田　青子（津田塾大学　准教授）

	くらべてわかる英文法(えいぶんぽう)
発　行	2012 年 4 月 10 日　第 1 刷発行
編　者	畠山雄二(はたけやまゆうじ)
装丁 / 本文レイアウト	折原カズヒロ
イラスト	坂木浩子
発行所	株式会社　くろしお出版 〒 113-0033 東京都文京区本郷 3-21-10 phone 03-5684-3389　fax 03-5684-4762 http://www.9640.jp/　e-mail: kurosio@9640.jp
印刷所	シナノ書籍印刷株式会社

© Yuji Hatakeyama 2012, Printed in Japan
ISBN 978-4-87424-548-4　C1082

● 乱丁・落丁はおとりかえいたします。本書の無断転載・複製を禁じます。

英語をさらに深く学びたい人に贈る姉妹編

好評発売中！

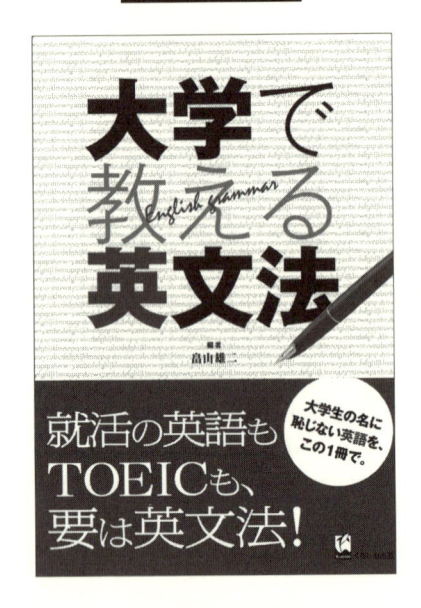

大学で教える英文法
English grammar

就活の英語も
TOEICも、
要は英文法！

大学生の名に
恥じない英語を、
この1冊で。

畠山雄二　編

A5判 256ページ、定価＝本体 1,600円＋税

1. 1項目＝見開き2ページ。解説が簡潔で飽きずに読める。
2. 10章、全100項目。英文法の知識が網羅的に学べる。
3. 受験生もわかる読みやすさと、専門家も納得のディティール。

くろしお出版　● http://www.9640.jp
〒113-0033　東京都文京区本郷 3-21-10　電話 03-5684-3389